한경 **TREND**

한경TREND는 빠르게 변화하는 사회 흐름에 발맞춰 시시각각 현상을 분석하고 새로운 대안과 인사이트를
제시하기 위한 무크 형태 단행본을 발행하는 한국경제신문사의 새 브랜드입니다.

MZ REPORT

SERIES 1.

SUSTAINABLE

요즘 환경 브랜드
THE NEXT ECO

THE NEXT ECO

006 프롤로그

008 ECO KEYWORD

SECTION 2.
ECO PICK

SECTION 1.
THE ECO RANKING

012 ECO RANKING 100
018 MZ리포트 : MZ세대의 가치소비는 지금부터다
024 친환경 광고의 과거와 현재 그리고 미래
030 ZERO WASTE 'YouTuber'

FASHION
036 파타고니아
040 누깍, 프라이탁, 코오롱스포츠 노아프로젝트,
    의류관리 LG전자 캠페인
042 노스페이스
046 판도라, 나우, 래;코드(RE;CODE), 올버즈
048 플리츠마마

CONTENTS

052 엘에이알(LAR), 빅토리아 슈즈, 쏘왓, 저스트 크래프트
054 낫아워스

BEAUTY
060 스킨푸드
064 아모레퍼시픽, 이솝, 아로마티마, 톤28
066 러쉬
070 클로란, 멜릭서, 스킨그래머, 닥터 브로너스
072 이니스프리
076 클라뷰, 라프레리, 핀치 오브 컬러, 플루케

FOOD & BEVERIDGE
080 매일유업
084 코카콜라, 오틀리, 언리미트, SPC삼립
086 나뚜루, 벤앤제리스, 샘표, 농심
088 마켓컬리
092 샐러드웍스, 어글리어스 마켓, 더플랜잇, 리하베스트
094 맥도날드

LIFESTYLE
100 현대자동차
104 레고
108 대한항공, 각닷, 쌤소나이트, 당신의 식탁
110 동구밭
114 닥터노아
118 알프레드, 파우스가든, 페이퍼팝, 브리타

SECTION 3.
THE NEXT BEHAVIOR

122 알맹상점
128 비건타이거
134 트래쉬버스터즈
140 엄아롱
146 로비건아카데미

152 INDEX
156 판권

이 책을 내는 이유

트렌드 리포트
환경 × 브랜드

시작은 미약했습니다. 책 만드는 사람 몇몇이 모여 사담을 나누다 "파타고니아라는 패션 브랜드가 요즘 인기라더라" "어느 호텔의 어메니티는 대나무로 만든 칫솔을 쓴다더라" 하는 식의 이야기가 이어졌습니다. 같이 대화를 나누던 젊은 친구-이른바 MZ, 소비의 권력 집단처럼 그들의 행동 패턴이 요즘 브랜드 성패를 좌지우지합니다-는 실제로 2년여 전부터 채식 위주의 비건 식단을 이어왔고, 페트병을 재활용해 만든 가방을 들고 다닌다고 했습니다. 기후 위기를 걱정해 선택하게 됐다고 합니다. 그들이 선호하는 브랜드 중에는 낯선 것이 많았고 '환경을 생각'하는 브랜드 철학이 단순한 유행을 넘어섰다는 생각도 들었습니다.

과연 그럴까? 환경이라는 가치가 브랜드에 정말 영향을 미치는지 궁금해졌습니다. 탄소 중립이니 ESG니 그런 거 아무리 떠들어도 기업은 '환경'을 기업 철학 1순위에 두는 경우가 그리 많지 않았습니다. 그러면 지금의 환경적 접근은 한때의 유행일 수도 있습니다. 환경과 브랜드의 역학 관계를 따져보고 환경을 가치 우선순위에 둔 브랜드 중 제대로 눈여겨봐야 할 것들도 정리해보기로 한 배경입니다.

방법을 궁리한 끝에 빅데이터로 소셜에서 많이 언급하는 브랜드의 긍정 평가 언급량 정도에 순위를 매겨보기로 했고, 조사만 하고 끝내면 서운하니 내용을 모아 책으로도 출간해보기로 했습니다. 이것이 이 책의 시작입니다.

MZ세대는 미닝아웃, 즉 자신의 신념에 따라 소비하는 경향이 뚜렷했고, 친환경·인권 등에 신경 쓰는 브랜드 제품을 사용하는 것을 '힙하다'고 생각하기도 했습니다. 조사는 빅데이터 회사인 바이브컴퍼니와 요즘 2030 세대가 가장 많이 언급하는 환경 브랜드 100개 순위를 정리하는 방식으로 진행했고, 그렇게 추려진 브랜드와 그 외에 주목할 만한 환경 브랜드를 다시 선별해 책으로 묶었습니다. 데이터 분석을 한 바이브컴퍼니와 광고 마케팅 회사인 대홍기획의 전문가에게 최근 친환경 브랜드에 나타나는 소비자 경향에 대한 분석과 향후 전망도 물었습니다.

조사하고 보니 단순히 마케팅 캠페인으로 눈만 현혹하는 브랜드가 아닌, 제품 자체에 진지한 고민을 담은 브랜드의 약진이 두드러졌음을 먼저 밝혀둡니다. 같은 카테고리 안에서 규모 있는 브랜드를 누른 중소기업 제품이 상당수 순위에 오른 것은 놀라운 사실입니다. 취재 중에 한 대기업 홍보실은 자기 회사에서 그런 환경 캠페인을 했는지조차 모르는 경우도 있었습니다. 마이너한 캠페인이었던 모양인데, 그 덕에 해당 브랜드의 소비자 인식은 한층 높아졌음을 홍보실은 물론 그 회사 대표도 알았으면 하는 바람입니다. 환경을 주제로 다양한 활동을 벌이는 이들도 만났습니다. 그들은 이런 움직임이 잠시 성행하다 사라지기를 원치 않았고, 그래서 사비를 들여 캠페인을 벌이며 새로운 아이디어 물건을 만들어냅니다.

따라서, 이 책은 MZ세대의 주장을 대변합니다. 코에 빨대가 꽂힌 물개나 빙하가 녹아 설 곳을 잃은 북극곰이 남의 이야기처럼 들리지 않는, 기업을 향해 목소리를 높일 수 있는 최대한의 성토이자 무기가 브랜드의 선택권뿐인 MZ세대의 권리장전이자 성명서입니다.

환경은 이용할 수단이 아닌 두고두고 생각하며 잘 가꾸고 보존해야 할 가치이자 목적입니다.

by 이선정 편집장

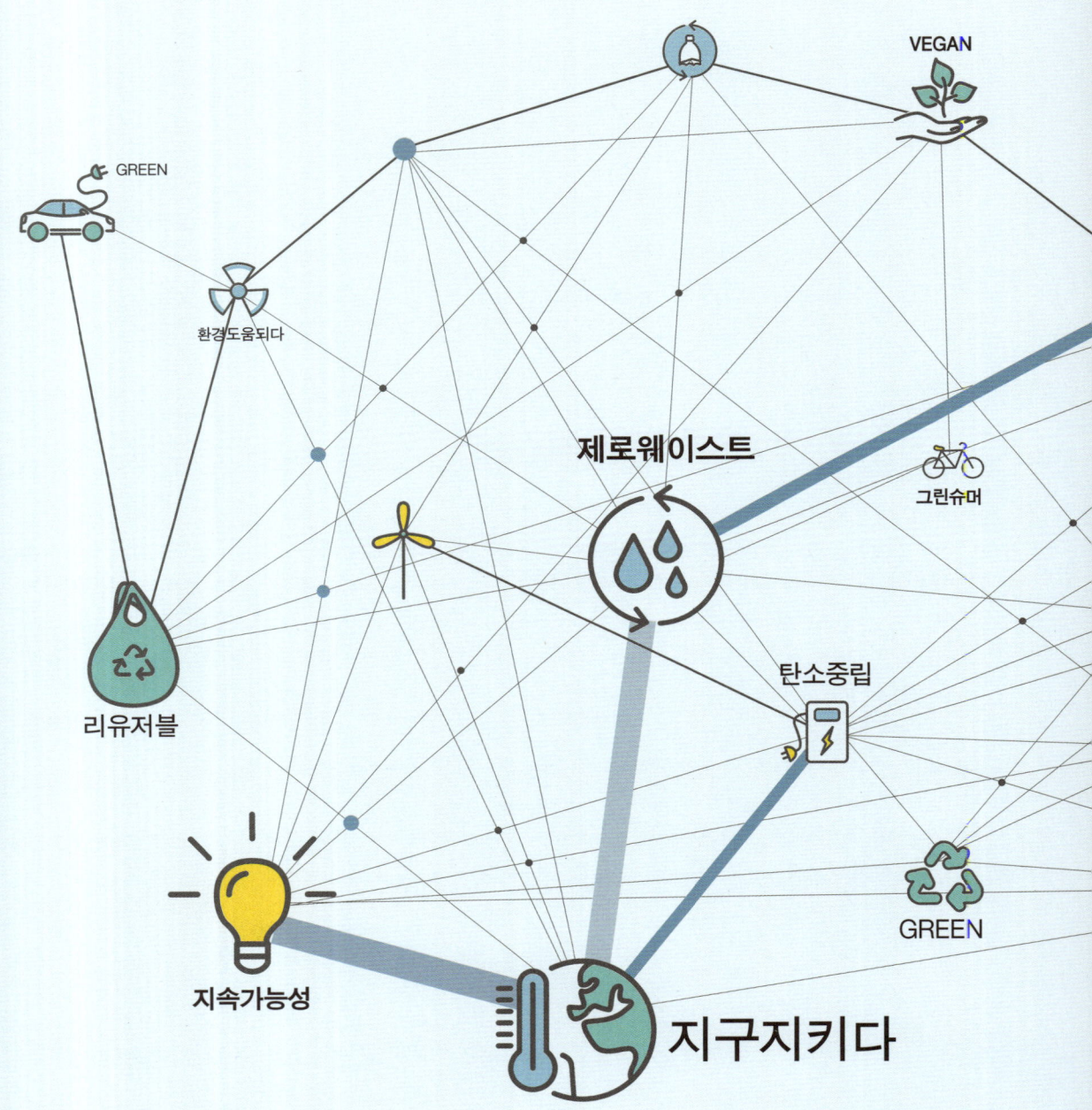

THE NEXT ECO

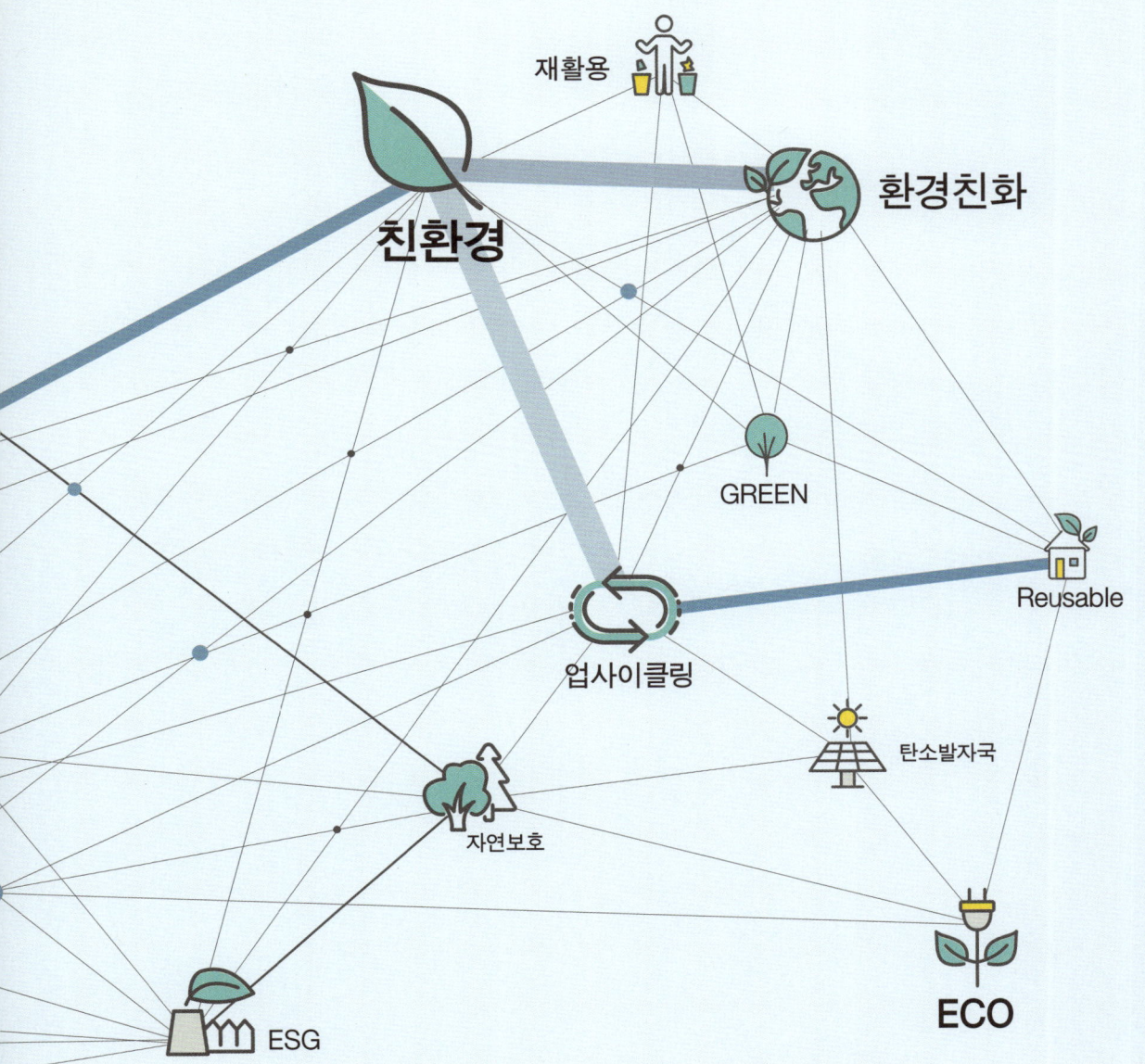

ECO Keyword

THE NEXT ECO

THE
ECO RANKING

국내 최초 빅데이터 연구소 바이브컴퍼니와
2020년 7월부터 2021년 6월까지
각종 소셜 미디어에 언급된 친환경 브랜드를 조사했다.
그 결과 436건의 브랜드를 도출했고, 그 가운데 상위 100개를 정리했다.
과연 어떤 브랜드가 '환경'이라는 키워드로
사람들의 뜨거운 관심을 받고 있는지 살펴봤다.

ECO RANKING TOP 100

최근 3년 동안 '친환경'에 대한 소비자의 관심은 지속적인 증가세를 보였다. 소비자는 환경문제에 따른 실천 방안으로 친환경 제품을 이용하여 스스로 정체성을 정의하고 영향력을 발휘한다. 소비자와 라이프스타일에 걸쳐 '비건' '업사이클링' '제로 웨이스트' 등 키워드와 함께 진정성, 윤리성에 대한 시대적 요구가 커지고 있다.

2019년 7월부터 2021년 6월까지 블로그, 트위터, 인스타그램, 뉴스, 네이버 카페나 다음 카페 등과 같은 각종 커뮤니티에서 친환경 키워드(친환경, 에코, 비건, 지속 가능성, 제로 웨이스트 등 20여 개)와 함께 언급된 브랜드를 분석했다. 과도한 홍보글이나 비친환경 관련 언급은 제외하고, 중복 키워드나 확인이 불가능한 브랜드 키워드, 동의어가 많은 브랜드 역시 제외했다. 그러나 직접적인 소비자 언어를 살펴보는 소셜 빅데이터 분석의 특성상 친환경으로 소통하지 않거나, 친환경에 유효하지 않은 브랜드가 친환경 키워드들과 함께 언급되어 결괏값에 포함되었을 가능성이 있다. 따라서 일부 존재하는 오차값에 대해서는 분석가의 판단에 따라 조정을 진행했음을 밝혀둔다.

No.	분류	브랜드명	2019.7~2020.6 언급량	2020.7~2021.6 언급량	증감률
1	Lifestyle	현대차 P.100	14,265	48,670	241%
2	F&B	스타벅스코리아	25,116	30,612	22%
3	F&B	풀무원	1,824	11,936	554%
4	Lifestyle	테슬라	2,892	9,583	231%
5	Lifestyle	기아차	7,492	7,403	-1%
6	Beauty	스킨푸드 P.060	70	7,175	10,150%
7	F&B	마켓컬리 P.088	4,306	6,966	62%
8	Beauty	멜릭서 P.070	2,877	6,713	133%
9	F&B	배달의민족	2,968	6,492	119%
10	F&B	한살림	5,386	6,442	20%
11	Fashion	노스페이스 P.042	2,563	6,347	148%
12	Fashion	낫아워스 P.054	1,017	5,498	441%
13	F&B	매일유업 P.080	2,066	5,376	160%
14	Beauty	러쉬 P.066	2,727	5,283	94%
15	Lifestyle	메르세데스-벤츠	5,828	5,206	-11%
16	Lifestyle	BMW	5,363	5,138	-4%
17	Lifestyle	동구밭 P.110	606	4,989	723%
18	Fashion	나이키	2,186	4,956	127%
19	Lifestyle	플라스틱방앗간	15	4,717	31,347%
20	Beauty	아모레퍼시픽 P.064	1,453	3,452	138%

No.	분류	브랜드명	2019.7~2020.6 언급량	2020.7~2021.6 언급량	증감률
21	Lifestyle	페이퍼팝 P.100	38	3,349	8,713%
22	F&B	코카콜라 P.084	1,248	3,030	143%
23	Lifestyle	알맹상점 P.120	178	2,977	1,572%
24	Lifestyle	볼보자동차	1,699	2,851	68%
25	Fashion	프라다	457	2,839	521%
26	F&B	비욘드미트	1,277	2,827	121%
27	F&B	투썸플레이스	1,062	2,821	166%
28	F&B	버거킹	1,037	2,776	168%
29	Fashion	파타고니아 P.036	1,931	2,645	37%
30	Lifestyle	프로쉬	1,473	2,639	79%
31	Lifestyle	아우디	2,208	2,364	7%
32	F&B	자연드림	2,363	2,307	-2%
33	F&B	한국맥도날드 P.094	1,396	2,290	64%
34	Beauty	시오리스	106	2,288	2,058%
35	Fashion	아디다스	1,086	2,083	92%
36	Beauty	이니스프리 P.072	2,018	2,037	1%
37	Beauty	아로마티카 P.064	620	2,003	223%
38	F&B	CJ제일제당	731	1,921	163%
39	Lifestyle	한국GM	2,370	1,899	-20%
40	Beauty	아베다(AVEDA)	575	1,824	217%

No.	분류	브랜드명	2019.7~2020.6 언급량	2020.7~2021.6 언급량	증감률
41	Lifestyle	르노삼성	1,883	1,739	-8%
42	Lifestyle	SK텔레콤	954	1,732	82%
43	Beauty	닥터바이오	2,902	1,710	-41%
44	Fashion	프라이탁 P.040	876	1,698	94%
45	F&B	한국야쿠르트	324	1,685	420%
46	Fashion	구찌	1,194	1,643	38%
47	F&B	세븐일레븐	3,364	1,629	-52%
48	Lifestyle	KCC	1,545	1,617	5%
49	Lifestyle	LG하우시스	1,663	1,608	-3%
50	Fashion	나우(nau) P.046	700	1,518	117%
51	Beauty	프리메라	411	1,486	262%
52	F&B	농심 P.086	1,340	1,470	10%
53	F&B	쿠팡이츠	257	1,457	467%
54	F&B	요기요	983	1,423	45%
55	F&B	삼양식품	371	1,399	277%
56	Lifestyle	레고 P.104	1,471	1,379	-6%
57	F&B	빙그레	501	1,359	171%
58	F&B	던킨	1,116	1,354	21%
59	F&B	초록마을	1,015	1,331	31%
60	F&B	파리바게뜨	1,128	1,313	16%

No.	분류	브랜드명	2019.7~2020.6 언급량	2020.7~2021.6 언급량	증감률
61	F&B	이디야커피	715	1,306	83%
62	Lifestyle	쌍용차	1,036	1,235	19%
63	Lifestyle	벤자민무어	2,431	1,233	-49%
64	F&B	잇츠베러	1,565	1222	-22%
65	F&B	오틀리	296	1,215	310%
66	Fashion	H&M	718	1,206	68%
67	Fashion	비건타이거 P.128	4,970	1,204	-76%
68	F&B	SSG닷컴	767	1,195	56%
69	F&B	롯데칠성	1,560	1,188	-24%
70	Fashion	플리츠마마 P.048	343	1,178	243%
71	F&B	나뚜루 P.086	2,616	1,176	-55%
72	Beauty	디어달리아	1,114	1,175	5%
73	Beauty	이솝 P.064	379	1,160	206%
74	Lifestyle	포르쉐	1,111	1,142	3%
74	Beauty	셀룸	102	1,109	987%
76	Beauty	톤28 P.064	351	1,105	215%
77	Fashion	블랙야크	528	1,102	109%
78	Fashion	컨버스	663	1,039	57%
79	F&B	도미노피자	383	1,036	170%
80	Beauty	야다	237	1,009	326%

No.	분류	브랜드명	2019.7~2020.6 언급량	2020.7~2021.6 언급량	증감률
81	Beauty	베이지크(BEIGIC)	554	936	69%
82	F&B	프레딧	0	917	NEW
83	Beauty	토니모리	136	915	573%
84	F&B	샘표	471	862	83%
85	Beauty	아떼	431	856	99%
86	Beauty	LG생활건강	711	841	18%
87	Beauty	록시땅	388	835	115%
88	Beauty	닥터지	100	783	683%
89	Beauty	허블룸	0	777	NEW
90	Lifestyle	지구샵	214	772	261%
91	Lifestyle	넬리	456	741	63%
92	F&B	오리온	461	740	61%
93	Beauty	키엘	217	691	218%
94	Lifestyle	아르아르	940	688	-27%
95	Beauty	닥터노아 P.114	682	686	1%
96	F&B	하이트진로음료	324	672	107%
97	F&B	동원F&B	485	653	35%
98	Lifestyle	코웨이	805	644	-20%
99	Fashion	누깍 P.040	358	634	77%
100	F&B	풀무원다논	5	626	12,420%

MZ세대의 가치 소비는 지금부터다

빅데이터 연구원, 현시대 소비생활을 말하다

조민정 연구원은 우리나라 최초의 빅데이터 연구소 바이브컴퍼니에서
사람들의 생활 변화를 관측하고 있다.
그와 나눈 대화를 통해 최근 사람들의 소비 의식과 흐름에는 어떤 변화가 있었는지,
또 앞으로는 어떻게 변화할지 가늠해봤다.

Q. 먼저 근 3년간 우리 생활에 나타난 변화를 나타내는 키워드가 궁금하다.

일단 트렌드, 사회 변화라는 건 개인의 상황에 따라 너무 다르다는 걸 언급하고 싶다. 예컨대 같은 직장인이라 하더라도 육아나 결혼 등 개인의 생활에 따라 다르기 때문에 특정 키워드로 대답할 수는 없다. 대신 공통된 방향성은 찾아볼 수 있다. 우선 코로나19로 인해 모든 사람이 크게 변화의 기점을 맞이했다. 팬데믹 전부터 사회를 관측한 입장에서 보면 이런 현상은 코로나 팬데믹 이전부터 변화했던 것이 가속화한 거라고 판단한다.

Q. 키워드 변화는 어떤 방법으로 조사하는가.

매달 기계적으로 데이터 랩이라는 프로그램을 통해 상승하는 키워드, 하락하는 키워드, 아니면 무언가를 역전하는 키워드 등을 추출한 다음, 일곱 개의 인사이트를 뽑아 유료 정보 소식지를 만들고 있다. 소비, 유통, 환경 등 카테고리를 나눠 해당 분석가들이 에디터가 되어 정보를 취합하고 다듬는다.

팬데믹이 가져온 삶의 방향성

Q. 키워드에서 공통적으로 어떤 방향성이 나타나거나 가속화 했는가.

'혼자만의 시·공간' '느슨한 연대' '집' '권위와 폐쇄' '비효율성의 종말' 등을 꼽을 수 있다. 모두 물리적으로 사람과의 거리감이 생기면서 나타난 것들이다.

Q. 대부분 언뜻 짐작이 가나 '권위와 폐쇄'는 생경하다.

권위와 폐쇄는 오프라인이 아닌 화상회의로 미팅을 할 경우가 많은 요즘, 권위를 앞세우기 힘들다는 것을 방증한다. 예전처럼 상석이나 그에 따른 보고 체계가 사라지고 있기 때문이다. 이제는 권위, 직위 구분 없이 공평한 사이즈의 한 칸 프레임에서 소통하는 시대다. 심지어 이것에 적응해야 도태되지 않는다. 권위를 내세우기보다 권위가 폐쇄되는 환경에 적응해야 하는 시대가 온 것이다.

Q. '느슨한 연대'에 대해서도 정확히 알고 싶다.

그간 연대라고 하는 것에는 학연, 지연, 혈연이 크게 작용했다. 자신의 속성과 관련 있는 것에만 연대감을 느꼈다. 하지만 지금은 취향 혹은 가치관에 따라서 연대한다. 이 연대의 특징은 부과되는 의무는 적고 함께할 수 있는 것에 중점을 둔다. 지금도, 앞으로도 이런 연대가 주를 이룰 것이라 본다.

Q. 그럼 '느슨한 연대'에서 보이는 가치관이나 취향에는 어떤 것들이 있나.

누구나 공감할 수 있고 의문이 적은 가치가 호응을 얻고 있다. 현재 두드러진 것에는 '환경보호' '동물권 보호' '비건' 등이 있다. 이런 특징적인 이슈를 중심으로 사람들이 함께 공감하고 움직이면서 그 가치관 하나로 서로의 관계가 형성되는 것이다. 이를 그물에 비유하자면, 촘촘하게 꽉 짜인 모양새가 아니라 느슨하기 때문에 그렇게 칭한다.

Q. '느슨한 연대'는 주로 어디에서 형성되고 결집하나.

소셜 네트워크다. 소셜 네트워크는 키워드나 콘텐츠 중심으로 누구나 찾아가고, 공유할 수 있다. 나에 대해 아예 모르는 사람일지라도 해당 이슈에 관심이 있다면 공감하는 이슈 하나만으로 나를 찾아낼 수 있는 거다.

MZ세대의 가치 소비

Q. 느슨한 연대를 가장 활발하게 맺고 있는 사람들은 누구인가.

MZ세대. 그중에서도 레이트 밀레니얼과 얼리 제트, 즉 1980년대 후반, 1990년대 초반 태생의 사람들이다. 이들은 현재 가장 소비가 왕성한 세대로 레이트 밀레니얼은 고등학생이나 대학생 때 스마트폰을 접했고, 얼리 제트는 초등학생 때부터 스마트폰을 사용했다. 다시 말해, 이들은 스마트폰 플랫폼을 통해 소통하는 것이 굉장히 익숙한 세대이다. 이들은 느슨한 연대를 끈끈한 연대보다 편하다고 생각하며, 소속이나 제삼자의 소개 없이도 타자와 연대할 수 있기 때문에 효용성이 있다고 판단한다. 더구나 관심사 하나만으로 전 세계에 있는 모든 사람과 연결할 수 있는 '분산성'이 장점이다.

Q. 이것이 MZ세대의 생활에서 어떤 변화를 불러일으키나.
우선 우리가 주목하고 있는 키워드는 '루틴'이다. 이것이 왜 화두가 되고 있는지 따라가보면 그 역시 소셜 네트워크 때문이라는 걸 알 수 있다. 이 키워드가 이렇게 부상한 것은 사람들이 자신의 일상을 콘텐츠화하고 있기 때문이다. 유튜브의 VLOG나 인스타그램의 일상 관련 이미지 등 젊은 세대들은 사진을 통해 일상을 콘텐츠화하고 공유하고 싶어 한다. 그러면서 그들이 먹고, 자고, 쉬는 모든 일상이 다른 누군가에게 영향을 끼치고 영향을 받는다. 그리고 당연히 그 과정에서 보이는 '먹고' '입고' '자고' '쓰는' 모든 소비재가 공유되고 확산하는 것이다. 그러면서 소비 행태의 흐름을 좌우한다.

Q. 실제로 가치 소비에 중점을 두고 소비하고 있는 사람들은 누구이며, 실제 구매로는 얼마나 이어지나.
대부분 MZ세대에 집중되어 있지 않나 싶다. 실제로 비건이나 제로 웨이스트 같은 키워드는 전년 대비 몇십 퍼센트 이상 상승했다. 그 비중을 보면 트위터, 20대 커뮤니티에서 두드러지게 나타난다. 구매와의 연결 고리는 매출 데이터로 분석할 수 없기 때문에 사실상 알기 어렵다. 그러나 SNS 언급량이 확실히 많아지고 있으며, 이것이 소수의 사람들이 많이 언급하고 있는 게 아니라 다수의 사람들

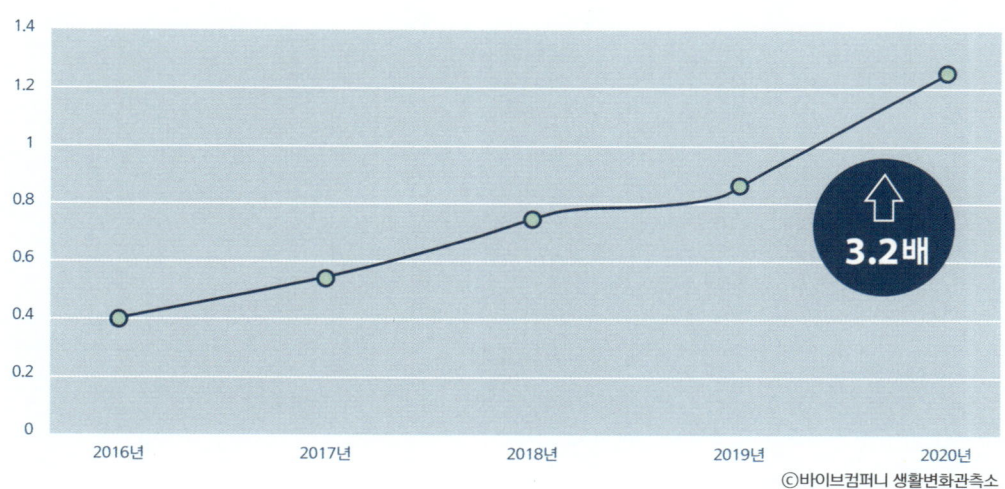

'죄책감' + '느끼다' 10만 건당 언급 추이

2016년 대비 2020년엔 죄책감을 느낀다는 빈도가 3.2배 증가했다.

이 조금씩 언급하고 있기 때문에 유효하다고 본다. 더불어 지금 키워드의 증가 추세도 전례 없이 독특하고 빠르게 성장하고 있기 때문에 유심히 보고 있다.

Q. MZ세대가 '비건'이나 '제로 웨이스트' '환경' 같은 키워드에 중점에 두고 가치 소비하는 이유는 무엇인가.

다양한 이유가 있겠지만 우리는 '죄책감'이라는 키워드를 꼽았다. 코로나 이후로 사람들이 죄책감을 느낀다고 한다. 그래서 더 깊게 분석해보니 2017, 2018년에는 가족, 친구 등 일반적 관계에서 느끼는 죄책감이 많았다. 그러나 최근에는 죄책감의 연관 키워드가 동물, 환경, 지구 등 인간관계에서 지구와의 관계로 바뀌었다. 또한 이 죄책감은 소비로 이어진다. 코로나의 영향이 크고 길었던 만큼 앞으로도 지구에 갖는 죄책감이 환경적 소비를 하는데 큰 영향을 줄 거라고 본다.

Q. 현시점에서 소비 변화가 가장 두드러지게 나타나고 있는 분야가 있다면.

가장 빠르게 반응하는 것은 식품과 뷰티다. 이런 키워드에 민감하게 반응하는 집단이 여성인 것도 이유지만 뷰티

인스타그램 내 '무○○', '저○○', '제로○○' 증감율 기준 상승 Top 10

No.	키워드	언급량	증감률
1	제로 플라스틱	2,909	2,359.41%
2	저탄고지	1,774	644.36%
3	무자극성	10,933	372.81%
4	제로 웨이스트	38,379	136.98%
5	저자극	1,559	135.35%
6	저염식	160	37.92%
7	무알코올	795	26.31%
8	무향료	2,476	21.94%
9	무독성	20,819	21.02%
10	저탄소	2,085	12.48%

ⓒ바이브컴퍼니 생활변화관측소

인스타그램 내 '무○○', '저○○', '제로○○' 키워드를 증감률로 비교해보면, 식품에 관련된 키워드는 하락하고 환경과 제품에 포함되는 유해 요소에 대한 키워드는 급격히 상승했음을 알 수 있다.

와 식품은 워낙 시장 자체가 빠르게 변화하는 것도 한몫 한다. 거의 매일 신제품이 쏟아지는 시장이기에 가장 빠르고 예민하게 상호작용하고 있다.

기업의 신뢰도, 소비자가 좌우

Q. 브랜드나 시장 동향도 함께 반응하고 있다고 했는데, 그건 어떤 식으로 나타나는가.

매일유업의 경우 '우리가 쓰레기를 만들지 않을게요'라는 의미로 빨대 없는 요구르트를 내보였다. 그런데 이 배경에는 소비자들이 빨대를 한데 모아 돌려보내는 캠페인이 있었고, 이에 CEO가 손 편지로 대답하면서 그 제품 라인의 빨대를 전부 빼기로 한 것이다. 또 롯데칠성의 경우 생수에 라벨지를 제거하고 병에 음각으로 로고를 새겼다. 생수라는 제품은 기본적으로 청결한 이미지를 상징하는데 자연, 환경, 깨끗함을 동일선상에 둔 예다. 이 밖에도 여러 기업들이 이 흐름에 응하고 있다.

Q. 가치 소비자들의 특징은 무엇인가.

능동적이다. 앞으로 이 브랜드만 사용할 거야, 하는 식의 선언을 하기도 한다. 철저히 브랜드를 분석하고 제품의 성분 하나하나와 설명서를 꼼꼼하게 체크하기도 한다. 더불어 특정 브랜드를 구매한다고 선언하기에 앞서 그들이 어떤 사회 공헌을 했는지도 파악한다. 가치 소비자들이 브랜드의 단순 소비자를 넘어 마케터가 되는 셈이다.

Q. 소비자 그 이상의 오피니언이라는 건가.

그들은 브랜드와 제품을 꼼꼼히 공부한 후 돈을 지불하면서도 자발적으로 기업 철학과 제품을 이야기한다. 사업자 역시 이런 점을 염두에 두고 그들과 오래갈 방도를 궁리해야 한다. 더욱이 이들의 충성도는 굉장히 높기 때문에 자신이 좋아하는 브랜드의 제품이 타 기업의 제품보다 비싸더라도 구매를 서슴지 않는다.

Q. 브랜드 입장에선 이런 소비자를 위해 어떤 준비를 해야 할까.

진정성을 보여야 한다. 모든 공정이 투명해야 한다. 10개 제품 라인 가운데 비건이 아닌 라인이 있다면 이것 또한 명시해야 한다. 만약 그런 부분을 간과한 채 기업의 이념과 철학에 비건을 논한다면 가치 소비자들은 안티로 변할 것이다. 더불어 일회성이라 할지라도 앞서 말한 키워드에 동참하는 캠페인을 진행하는 것이 좋다. 예를 들어 이니스프리의 경우 공병, 손수건, 환경 페스티벌을 통해 몇 차례 친환경적 캠페인을 선보였다. 이런 단발성 시도로 브랜드는 친환경적 이미지를 구축했으며, 소비자들은 그 기업의 이미지를 좋게 평가하고 있다. 심지어 소비자들은 단순 제품뿐 아니라 운영 과정에 대해서도 반응하고 있다.

Q. 기업 운영 과정은 어떻게 변화해야 하나.

제품의 생산 과정은 물론 회사의 채용 및 인사 문제에서 사회적 가치를 중시하는지, 또 사옥이나 매장 등 건물을 지을 때 친환경 건축자재만을 썼는지 등이다. 이렇게 상호 소통하고 함께 마켓을 꾸려가는 게 시장의 방향성이다. 그러므로 기업은 진정성 있는 모습으로 소비자의 신뢰도를 얻는 것이 무엇보다 중요하다.

INTERVIEWEE
조민정 사무장
바이브컴퍼니 생활변화관측소에서 연구원으로 있다.
여러 빅데이터를 통해서 사람들의 취향과 일상의 변화를 관측하는 일을 한다.

친환경 광고의 과거와 현재 그리고 미래

친환경에 대한 인식 변화와 이에 따른 광고 변천사

노윤주 전략솔루션 본부 팀장은 광고기획사 대홍기획에서
광고·브랜드 경험·빅데이터·스포츠 마케팅 등
다양한 솔루션을 통해 광고·마케팅 캠페인을 선도하고 있다.
지난 10년간 소비자와 기업의 친환경에 대한 인식 변화가
광고에 어떤 영향을 끼쳤는지 그의 시선으로 바라봤다.
또한 소비자가 체감할 수 있는 ESG 실체의 중요성을 통해
앞으로 브랜드가 나아갈 방향에 대해 가늠해봤다.

ESG의 E, 친환경 광고가 달라졌다

10년 전만 해도 우리나라에서 '환경'은 안 팔리는 주제였다. CSR이라는 이름으로 기업들이 환경 운동 또는 환경 단체에 지원을 하곤 했지만, 매출에 직접적 도움이 되지 않는 부수적인 이미지 관리 활동이었지 '환경'을 주제로 제품이나 서비스를 만드는 일은 드물었다. 그 드문 회사 중 하나였던 BC카드는 '그린카드'라는 친환경 신용카드를 만들어서 광고까지 했는데, 멸종 위기종인 물범을 귀여운 캐릭터로 제작해 등장시켰다.

카피를 읽어보면 아이러니하다. 환경보호를 콘셉트로 탄생한 혁신적인 신용카드임에도 불구하고 소비자에게 소구하는 포인트는 환경이 아닌 경제성. 당시 대부분의 국내 소비자는 환경 걱정을 사치라고 생각했기 때문이다. 더 큰 포인트로 소비자의 마음을 흔드는 경쟁사들 사이에서 성공하기 위해 환경문제로 정면 승부하는 것이 아닌, 소비자가 듣고 싶어 하는 혜택을 앞세워 말했다. 이 카드는 대중교통비 할인, 전기·가스 요금 할인 등의 실질적 혜택과 대통령이 1호로 가입하는 것을 이슈 메이킹한 것에 힘입어 출시 이후 5년 동안 14만 명의 회원을 확보하는 데 성공했다.

그렇게 10년이 흘렀다. 작년 롯데칠성음료는 ESG(Environmental, Social and Governance) 경영의 실체로서 무라벨 생수 '아이시스 8.0 에코'를 론칭했다. 친환경을 실천하는 쉬운 방법을 브랜드가 제시했다는 것도 의미 있었지만 출시 첫해에 약 1,010만 병을 판매할 정도로 소비자의 반응도 뜨거웠다. 아이시스 8.0 에코는 광고에서 무엇을 말했을까.

무라벨 생수라는 국내 최초의 혁신적 제품을 만들고도 광고에서는 무게감이 없다. 소비자가 환경문제의 중요성을 당연하게 받아들이게 됐기 때문에 굳이 환경보호의 필요성을 말할 이유가 없어진 것이다. 알면서도 귀찮아서 분리수거를 하지 않는 타깃들에게 제품을 소개하는 것이 전부다. 후속 디지털 광고는 한 발 더 나아간 소비자를 만난다. 이 생수를 소비하는 것이 환경을 보호한다는 의미를 넘어 나를 멋있게 만들어주는 행동이라고 말한다. 누구에게? 20대의 젊은 타깃들에게. 친환경 광고가 쏟아지는 요즘에는 왜 이렇게 당연한 이야기를 하나 싶기도 하지만, 10년 사이 나왔던 두 개의 광고를 비교해보면 환경문제가 당연해진 게 얼마 되지 않았다는 것, 그리고 그 동안 소비자의 태도가 크게 달라졌다는 것을 확실히 알 수 있다.

ESG의 S를 말하기 시작한 기업들

수많은 기업이 ESG 경영의 화두로 '친환경'을 이야기할 때 S, 즉 사회적 영향력에 대해 말하는 기업이 있다. LCC 기업 중 후발 주자인 에어로케이는 2020년 론칭을 앞두고 <보그>와 협업해 패션 필름을 만들었다. 항공사가 보여준 패션은 경쟁사와는 다른 승무원 유니폼이었다. 하이힐 대신 스니커즈, 딱 붙는 스커트 대신 실용적인 디자인의 유니폼을 입고 젊은 남녀 승무원들이 뛰고 웃는 영상은 멋있다. 이 캠페인은 일명 '젠더리스 유니폼 캠페인'으로 불리며 연일 화제가 됐다.

바이럴 영상에 담은 것은 차별화된 유니폼이지만 세상에 던진 것은 승무원에 대한 편견을 깨라는 메시지다. 에어로케이는 여기서 멈추지 않았다. 얼마 전 시작된 객실 승무원 채용 캠페인에서는 한 발 더 나아간 메시지를 담았다.

비씨카드 '그린 카드' 캠페인

환경이요?
먹고살기도 힘든데
지구는 무슨 지구…

지구를 위하면
돈을 줘 전기요금을
내줘?

내드립니당~

나를 위해 그린을 쓰다.

지구를 위해
그린을 쓰다.

BC green card

롯데칠성음료 '아이시스 8.0 에코' 캠페인

라벨 떼고 버려야
하는 건 알죠.

그런데 귀찮아서
잘 안 해요.

라벨을 떼지 않아도
오케이.

지구를 위해
라벨을 없앤
아이시스 8.0 에코.

지구에게 오케이.

모두에게 에코.
아이시스 에코

에어로케이 '객실 승무원 채용' 캠페인.

'외모 규정, 학력·나이 제한 없음. 타투 허용'이라는 채용 기준과 함께 기내 난동 행위를 제압하고 인명 구조 활동에 나서는, 승무원의 본질인 안전을 지키는 직업인으로서의 모습을 과감하고 세련되게 보여줬다.

특정 직업에 대한 잘못된 고정관념을 깨며 사회적으로 좋은 영향력을 끼치는 캠페인임과 동시에 에어로케이를 차별화된 항공사로 포지셔닝하는 이 용감하고 영리한 캠페인은 2021년 에피 어워드에서 브론즈를 수상했다.

2022년, 마스터카드는 시각장애인용 신용카드를 출시할 예정이다. 카드 측면의 디자인을 각각 원형(신용카드), 사각형(체크카드), 삼각형(선불카드)으로 구분해 손으로 만져서 분별할 수 있도록 기획한 카드다. 이름은 '터치 카드'. 이 뉴스를 처음으로 접한 매체는 네이버 기사도 마스터카드의 홈페이지도 아닌 <아이즈 매거진>이라는 한 웹 매거진의 인스타그램 피드였다. 이 매거진은 MZ세대를 타깃으로 세상의 온갖 힙하고 멋있는 트렌드를 소개해주는 라이프스타일 플랫폼인데, 그 멋있는 트렌드 중 하나로 시각장애인용 신용카드를 고른 것이다. 이 콘텐츠는 2,000개가 넘는 하트를 받으며 트위터 등의 타 SNS로 퍼지고 있다. 시각장애인용 신용카드를 만들었는데, 왜 비시각장애인, 그것도 MZ세대가 열광하는 걸까. 요즘의 소비자들은 기업의 ESG 활동을 착한 기업의 착한 브랜드로 평가하는 것을 넘어 멋있고 힙한 활동으로 바라보기 때문이다.

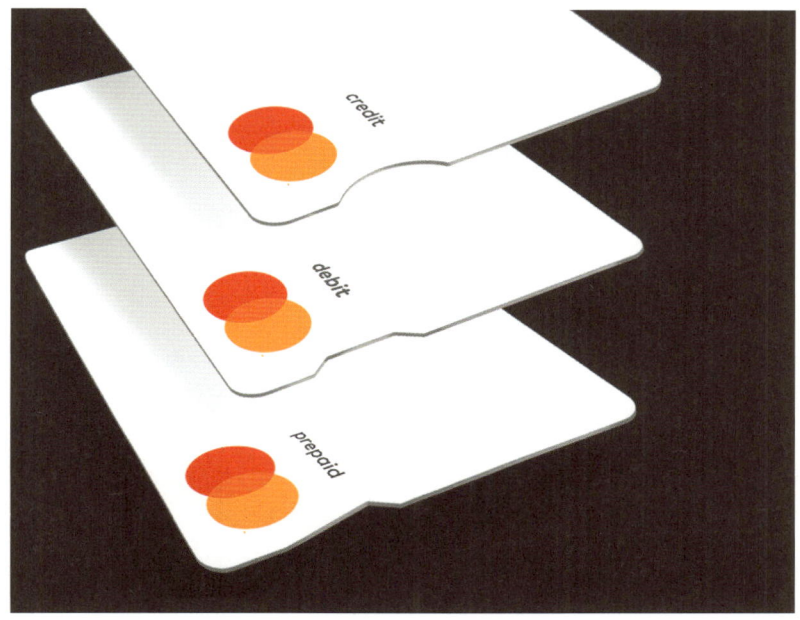

2022년 출시 예정인 마스터카드의 시각장애인용 신용카드.

터치 카드는 한 번도 신용카드의 타깃으로 여기지 않았던 계층에 주목함으로써 정말로 얻고 싶던 타깃들의 마음까지도 흔들었다. 2022년, 터치 카드를 출시하면 누가 이 카드의 소비자가 될까. 시각장애인만은 아닐 것 같다.

실체 없이 이미지만으로 광고를 만들기 어려운 시대다. 브랜드가 가진 좋은 생각만으로는 사람들을 더 이상 감동시키지도, 설득시키지도 못한다. ESG에 있어서는 더욱 그렇다. ESG 실체가 없는 ESG스러운 광고는 아무리 마케팅 예산이 많고 광고 회사의 역량이 훌륭하다고 해도 실패할 확률이 높다. 반대로 작더라도 소비자가 체감할 수 있는 확실한 ESG 실체를 보여주는 브랜드는 특별한 마케팅 없이도 주목받는다. 브랜드가 해야 할 일이 명확하고 어려워졌다.

WRITER
대홍기획 전략솔루션 본부 노윤주 팀장
롯데 기업 PR '오늘을 새롭게, 내일을 이롭게' 캠페인, 한화금융 LIFEPLUS 캠페인 등의 전략을 수립했다.

ZERO WASTE 'YouTuber'

히조(HEEJO) 구독자 14.8만 명 · 동영상 112개

프리랜서의 삶과 미니멀 라이프 콘텐츠로 처음 독자들을 만났던 히조는 비움으로써 채워지는 것들에 대한 메시지를 전한다. 그러면서 미니멀, 제로 웨이스트를 시작할 때 가진 것에서 덜어내기보다 소비 습관을 먼저 바꾸는 좋은 방법도 제안한다. 제로 웨이스터의 삶에서 중요한 아이템은 물론 자주 가는 숍도 추천한다. 무엇보다 좋은 영상미와 이야기에 많은 사람이 히조의 삶을 선망한다.

하미마미(Hamimommy) 구독자 152만 명 · 동영상 107개

구독자 152만명(2021년 12월 기준)의 하미마미는 아이를 키우며 집안일을 하는 평범한 주부 이야기를 담은 채널이다. 그래서 정리 정돈, 청소, 식재료 정리, 화단 가꾸기 등 살림의 노하우를 보여준다. 얼핏 친환경 혹은 제로 웨이스트 삶과 연관성이 없는 것 같지만 식재료를 잘 보관하고 끝까지 먹는 법, 정리하는 법, 잘 버리는 법 등 다양한 살림 노하우로 주부로서 누구보다 실질적인 팁을 보여준다. 더구나 해외에서도 반응이 좋아 댓글의 절반 이상이 외국인의 것들이다.

에린 남(Erin Nam) 구독자 4.18만 명 · 동영상 86개

아기자기한 그림과 감각이 돋보이는 채널이다. 특장기인 글과 그림을 통해 미니멀리스트가 된 자신의 이야기를 그림일기 형식으로 보여주거나 소소하지만 알찬 미니멀 라이프의 팁까지 알려준다. 또 최소한의 소비를 어디에서 어떻게 하는지도 보여준다. 에린 남은 최근 그림과 이야기가 담긴 책 『집안 일이 귀찮아서 미니멀리스트가 되기로 했다』를 펴내며 자신의 삶과 이야기를 재미있게 풀어냈다.

제로 웨이스트 유튜버들이자 MZ세대로서 자신의 일상과 루틴을 콘텐츠화하고 이를 공유화 했다. 이들의 행보가 지금의 친환경 소비문화의 시작이었다면, 그 출발점을 다시 짚어보자. 어쩌면 이들의 일상과 이야기는 현재와 미래를 이끄는 트랜드 리더이자 우리가 사는 지구에 가장 필요한 환경운동가의 모습일 것이다.

※ 각 채널의 구독자와 동영상 정보는 21년 12월 13일을 기준으로 했다.

세미의 절기 구독자 2.72만 명 · 동영상 17개

세미의 절기는 배우 임세미의 채널이다. 그는 지구를 사랑하기에 지구에 무해한 사람이 되고 싶다는 인사로 1년여 전, 채널의 문을 열었다. 동물성 가죽을 입거나 사용하지 않는 채식주의자이자 식물로 된 것들을 윤리적으로 소비하는 제로 웨이스터로서 삶을 보여준다. 제로 웨이스터의 소지품부터 다양한 비건 식당, 나이트 루틴까지 다양한 콘텐츠가 녹아 있다. 멋진 배우의 정갈한 삶과 태도를 마주할 수 있다.

Simple by christine 구독자 13.2만 명 · 동영상 144개

미국 유튜버 Simple by christine은 자신이 추구하는 제로 웨이스트와 미니멀 라이프를 옷, 음식, 청소, GREEN 등 카테고리별로 정리해 업로드한다. 유튜브 채널마저도 정리가 돼 있는 것이다. 식료품을 사러 갈 때 제로 웨이스트를 실천하기 위해 무엇이 필요한지, 살림살이에 필요한 최소한의 구성은 무엇인지, 친환경적인 속옷 브랜드까지 보여준다. 가장 눈에 들어오는 건 학생을 위한 제로 웨이스트 팁과 반려동물을 위한 제로 웨이스트 가이드다. 제로 웨이스터의 삶을 시작하려는 사람들에게 생각할 거리와 실질적 팁을 주는 이 영상은 각각 9만4,000회, 7만3,000회의 클릭 수를 기록했다.

Trash is for tossers 구독자 25.5만 명 · 동영상 56개

전 세계 제로 웨이스터 가운데 가장 유명한 사람을 꼽으라면 이 채널의 운영자 로런 싱어(Lauren Singer)가 아닐까 싶다. 그는 3년간 버린 쓰레기의 양이 작은 유리병 하나에 들어갈 만큼 완벽에 가까운 제로 웨이스터의 삶을 살고 있다. 그는 6년 전부터 제로 웨이스트 치약, 로션, 데오더란트, 설거지 방법 등 갖가지 팁을 2~3분의 짧은 영상을 통해 명료하게 업로드했고, 근래에는 친환경 브랜드를 소개하고 있다. 채널은 현재 구독자 25만5000명, 조회수 1,044만291회를 기록하고 있으며 그가 출연한 TED 강의 영상은 무려 386만 뷰를 달성했다.

ECO PICK

섹션 2에서는 환경적으로 안전한 제품을 알리고 제품이나 서비스를
친환경적으로 개선하는 기업들의 노력을 엿볼 수 있다.
패션, 라이프스타일 분야에서는 제품 이외에도
포장재까지 친환경적으로 바꾸고 있는 추세다.
뷰티, 식음료 분야에서도 식물성 성분과 동물 실험을 배제하며
탄소배출을 줄이는 데 적극적이다. 더불어 다채로운 캠페인 활동을 통해
소비자의 참여를 유도하며 친환경 문화를 확산한다.
브랜드가 환경을 위해 어떤 활동을 하고 있는지 살펴봤다.

남다른 경영철학을 가진
파타고니아

"우리는 우리의 터전, 지구를 되살리기 위해 사업을 합니다"

파타고니아의 슬로건은 '우리는 우리의 터전, 지구를 되살리기 위해 사업을 합니다(We're in Business to save our home planet)'이다. 더불어 파타고니아가 존재하는 이유 역시 지구상의 모든 생명체가 멸종 위기에 처해 있다는 사실을 잘 알고 있기에 이에 대한 변화를 만들어내는 데 있다. 사업을 이용하고, 자원을 투자하고, 목소리를 높이며, 때로는 상상력을 활용하겠다고 덧붙인다.

알피니즘(Alpinism)*

파타고니아는 등반 장비를 만드는 작은 회사에서 출발했다. 그리고 지금은 전 세계적으로 클라이밍, 서핑, 트레일러닝, 산악자전거, 스키-스노보드, 플라이 낚시 관련 제품을 판매한다. 파타고니아는 이러한 스포츠는 모두 엔진이 존재하지 않는 조용한 종목으로, 보상은 메달이나 순위, 관중의 환호가 아닌, 힘겹게 얻어낸 개인적 영광의 순간과 자연과의 교감이자, 이것이 파타고니아가 추구하는 알피니즘이라고 강조한다.

그런데 최근에는 기후변화가 심각해지면서 이 알피니즘도 사라질 위기에 처했다. 그렇기에 시간과 노력, 그리고 매출의 일부를 전 세계 수백 곳의 풀뿌리 단체에 지원해 그들이 환경을 위해 싸울 수 있도록 돕고 있다. 파타고니아 창립 후 40년 넘게 핵심 가치를 진실되게 지켜온 결과, 직원들이 자부심을 갖고 일할 수 있는 회사가 됐고 앞으로도 회사를 지속시키기 위해 우리가 살고 있는 이 지구를 반드시 지켜내겠다고 말한다.

브랜드 가치를 담은 최고의 제품

파타고니아가 말하는 최고의 제품은 기능이 뛰어나고, 수선이 용이하며, 무엇보다 내구성이 월등해야 한다. 브랜드의 가치이자 사명을 위해 환경에 피해를 주지 않은 가장 직접

창립 후 40년 넘게 캠페인을 통해 다양한 친환경 소재와 제품을 알리는 파타고니아 크루.

---

*Alpinism - 산(자연)에서 기쁨과 즐거움을 찾고, 기술과 종합적 지식을 함양해 산에 접근해가는 자세와 사상을 뜻하는 말로 파타고니아가 추구하는 자연과의 교감의 순간을 의미한다.

ECO PICK

1. 워크웨어와 스포츠웨어 등 야외 활동 룩으로 인지도가 높은 파타고니아.
2. 풍력 발전소 현장에서 노동자가 파타고니아 옷을 입고 일하는 모습.
3. 파타고니아는 친환경 소재와 제품을 개발하고 캠페인을 통해 이를 알리고 있다.
4. 파타고니아코리아에서 진행한 일회용품 줄이기 운동.

point.

지구를 되살리기 위해
사업을 한다는 기업 사명이 있다.
환경에 대해 늘 반성하고 고민하며,
그 해결 방법을 사회와 공유하겠다는
철학이 특징이다.

적인 방법은 몇 세대에 걸쳐 사용할 수 있는 제품을 만드는 것, 또 재활용이 가능한 소재로 제품을 만드는 것이다. 그런 의미에서 최고의 제품을 생산하는 것은 곧 지구를 되살리는 일이 될 수 있다고 강조한다. 단순히 제품뿐 아니라 매장에 불을 밝히는 일부터 시작해 셔츠를 염색하는 과정까지, 브랜드가 행하는 모든 사업 행위가 환경과 관련이 있다는 사실을 인지하고 있다. 파타고니아는 이에 대해 늘 반성하며 환경에 피해를 주지 않는 것을 넘어 환경에 이로움을 줄 수 있는 방법을 고민한다.

환경보호를 위한 캠페인

재단이나 상품의 재사용을 위해 수선 서비스와 상품을 개발하는 것은 물론, 최근에는 폐그물을 재활용해 만든 '부레오 해트(Bureo Hat) 컬렉션'을 출시해 35톤 이상의 폐그물로부터 바다를 보호했다. 이렇게 직접적인 상품과의 연계성 외에도 파타고니아코리아에서는 2018년 브랜드가 진출한 해외 국가 중 가장 처음으로 일회용 플라스틱 사용을 줄이기 위한 환경 캠페인 '한 번 쓸 건가요? 두 번 생각하세요(Single use Think twice)'를 전개했다. 이 캠페인은 '지구와 인간을 병들게 하는 일회용 플라스틱 제품 사용 습관을 다시 생각해보자'는 의미로 시작됐다.

캠페인 홈페이지에서 본인 이름, 이메일 주소, 일회용 플라스틱 사용을 줄이기 위한 간단한 다짐의 글을 받는 온라인 서명운동을 벌였다. 더불어 '강하천'의 흐름을 막는 인공 구조물 '보'의 철거를 촉구하기 위해 나서기도 했다. 파타고니아코리아는 이 캠페인을 통해 수명이 다하거나 버려진 상태로 강하천에 오랫동안 방치된 보 철거를 지지하는 온라인 서명운동을 진행하고, 환경부와 지역자치단체의 관련 부서에 전달·청원하는 등 브랜드의 가치와 핵심을 위해 다방면으로 활동을 펼치고 있다.

폐현수막을 재탄생시키는
누깍

2001년 바르셀로나에서 론칭한 누깍은 '모든 것의 두 번째 기회(Everybody deserves a second chance)'라는 슬로건을 기반으로 환경과 사회를 생각하는 브랜드이다. 소각만이 유일한 폐기 방법이었던 광고 현수막과 폐타이어, 카이트서핑 돛을 업사이클링해 새로운 가치를 담는다. 광고 현수막은 영화제 포스터나 박물관 전시 현수막 등 시간이 지나 버려지는 것들을 수거해 상품을 제작하고, 오래된 대형 트럭이나 버스의 폐타이어 튜브를 활용한다. 다양한 폐기물을 지속 가능한 방법을 통해 가치 있는 제품으로 재탄생시킨다.

point

영화제 포스터나 전시 현수막은 그 자체로 디자인이 우수하고 모든 제품의 패턴이 각기 다르기 때문에 세상에 단 하나뿐이라는 소장 가치를 더한다.

업사이클의 새 역사를 쓴 가방
프라이탁

스위스의 업사이클링 브랜드 프라이탁은 두 형제가 자전거를 탈 때 필요한 실용적인 가방을 직접 만들며 시작됐다. 날씨와 상관없는 소재를 찾던 중 버려지는 트럭 방수천에서 영감을 얻었고, 안전벨트와 자전거 고무 등의 재료를 조합해 튼튼한 가방을 만들었다. 친환경적인 철학과 방수천 무늬에 따라 단 하나뿐인 디자인이라는 희소성이 매력을 더한다. 1993년 설립된 이후 지속 가능성의 가치를 실천하는 브랜드로서 세계적으로 각광받고 있다.

point

버려진 트럭 방수천을 활용했다는 기발함과 그렇기에 같은 디자인일지라도 색상과 문양이 같은 제품은 없다는 희소성이 소비 심리를 자극한다.

멸종 위기종을 구하는
코오롱스포츠 노아 프로젝트

'노아 프로젝트'는 멸종 위기에 처한 국내 동식물을 보호하기 위한 코오롱스포츠의 캠페인으로, 매 시즌 한 종류의 동식물을 주제로 선정해 캡슐 컬렉션을 출시하고 판매 금액의 10%를 기증한다. 지금까지 꿀벌, 독수리, 한라솜다리꽃, 해마, 섬개야광나무 등 멸종 위기 동식물을 소개해 대중의 관심을 불러일으킨 동시에 그 개체 수를 늘리는 성과까지 이뤄냈다. 더불어 배우, 뮤지션 등 아티스트들과의 협업으로 콘텐츠를 만들어 대중에게 환경보호 메시지를 보다 흥미롭게 전달하고 있다.

point
멸종 위기종을 패턴으로 개발해 디자인적 요소로 승화시켰다. 소비자에게 디자인을 통해 멸종 위기종에 대한 관심을 갖게 할 뿐 아니라, 보호에 일조하겠다는 마음으로 착한 소비를 이끌어낸다.

환경을 보호하는
의류관리 LG전자 캠페인

LG전자의 '#careforwhatyouwear'는 '올바른 의류 관리 습관을 통해 환경보호에 참여하자'는 글로벌 캠페인 영상이다. 영상은 매년 유럽에서 버려지는 의류가 580만 톤에 달한다는 유럽환경청의 통계를 기반으로 제작됐다. 옷을 오래 입을 수 있도록 잘 관리하고, 유행이 지난 옷은 리폼해서 입고, 입지 않는 옷은 다른 사람에게 물려주는 작은 실천이 폐의류로 인한 환경오염과 자원 낭비를 줄이고 세상을 바꿀 수 있음을 강조한다. LG전자는 이 캠페인의 일환으로 영국 프리미엄 패션 온라인 쇼핑몰 네타포르테(NET-A-PORTER)에 13종의 친환경 의류를 한정판으로 출시하기도 했다. 이 컬렉션은 드라이클리닝이 필요 없고 세탁기, 건조기, 스타일러만으로 손쉽게 관리할 수 있는 것이 특징이다.

point
가전 회사가 폐의류 관련 캠페인을 기획했다는 것이 신선하다. 적절한 의류 관리가 환경에 도움을 준다는 간접적인 메시지와 함께 출시한 의류 컬렉션 역시 화제가 되었다.

플라스틱병 옷이 되다
노스페이스

지속 가능성을 위한 기술과 이념을 선도하는 아웃도어 브랜드

영원아웃도어의 브랜드 노스페이스가 버려진 플라스틱병을 재활용해 '에코 플리스 재킷'을 만들었다. 글로벌 브랜드이자 아웃도어 분야에서 인지도 높은 노스페이스가 이토록 친환경적인 제품을 만든다는 것은 단순한 '친환경 제품 출시'가 아닌 그 이상의 의미를 담고 있다.

노스페이스가 출시한 에코 플리스 재킷에는 무려 1,080만 병의 폐페트병이 사용됐다.

페트병으로 원사를 만들기까지

우선 에코 플리스 재킷의 시작점인 버려진 페트병부터 살펴보자. 버려진 페트병을 수거해 재활용 공장에 보낸다. 공장에서는 병을 잘게 쪼갠 후 플라스틱 조각을 세척, 탈수, 건조한 다음 열 가공 공정을 통해 원사(실)로 만든다. 그리고 노스페이스는 이 원사를 사용한 원단으로 옷을 만든다. 재활용 원단이라 기능성이 중요한 아웃도어의 품질에 의구심이 들 수도 있으나, 일반 폴리에스터 원단과 마찬가지로 가볍고 보온성이 뛰어나다. 더불어 옷마다 페트병 리사이클 혼용률을 알아볼 수 있도록 태그를 부착했다. 예컨대 '100%' '50%+' '30%+'로 제품에 별도 태그, 일명 '에코 태그'를 붙여 소비자로 하여금 내가 지금 입고 있는 재킷에 얼마만큼의 페트병을 재활용했는지 체감할 수 있도록 했다.

에코 플리스 컬렉션 가운데 '스톰 플리스 후디 재킷'은 폐페트병을 90% 이상의 비율로 리사이클링한 소재를 적용한 상품이다. 재킷 한 벌당 무려 500ml짜리 페트병 약 33개를 재활용했다. 환경에 유해한 코팅이나 필름을 사용하지 않고도 특수한 직조 공법으로 제작해 방풍, 발수 및 통기성 또한 우수하다.

새로운 가치를 입다

우리가 직면한 환경 파괴와 기후 변화. 노스페이스는 지구의 미래를 지키기 위해 지속가능성 실현에 앞장서는 에코 캠페인을 이어 나가겠습니다.

노스페이스 기술력에 에코를 더하다

K-에코 테크란, 아웃도어 활동에 가장 최적화된 노스페이스의 기술력에 친환경 가치를 더한 기술입니다. 방수, 방풍, 미세 먼지 차단 기능으로 우리를 지키고, 버려진 페트병을 재활용한 원단으로 지구를 지키는 기술을 통해 완전히 새로운 가치의 제품을 만듭니다.

- 온실가스 배출 약 **67%** 감소
- PET병 500ml 기준 최대 **32**개 재활용
- 에너지 자원 약 **59%** 절약

1. 지구를 지키기 위해 끊임없이 지속가능성을 고민하고 있는 노스페이스.
2. 제품에 페트병 리사이클 혼용률을 표기한 '에코 태그'.
3. 노스페이스가 선보인 기술력으로 환경보호에 이바지한다.
4. 폐페트병으로 만든 에코 플리스 재킷 원단.

point.

노스페이스는 지난 수년간
윤리적 다운 인증 도입(2014년) 및 확대,
친환경 인공 충전재 개발(2014년),
그리고 전 제품에 대한
퍼 프리(FUR FREE) 적용(2016년) 등
친환경 관련 행보를 꾸준히 이어왔다.

1,082만 개 페트병을 재활용한 에코 컬렉션

노스페이스는 플리스 재킷 말고도 2021년에 페트병 리사이클을 활용한 신발, 가방 등 다양한 에코 플리스 컬렉션을 선보였다. 그리고 이 컬렉션의 1차 물량 생산을 위해 약 1,082만 개의 페트병을 재활용했다. 이를 제품별로 살펴보면 신발 제품군에는 전년 대비 약 18배, 가방 등 용품 제품군에는 전년 대비 약 3배 늘어난 수치이다. 그 결과 2021 가을·겨울 시즌에만 의류를 비롯해 신발 및 용품 등 약 100개 넘는 제품에 페트병 리사이클링 소재를 적용했다.

노스페이의 행보는 페트병을 활용한 에코 플리스 컬렉션뿐 아니라 다운재킷에서도 이어지고 있다. 대표 제품 '시티 에코소울 다운재킷'의 경우 자연에서 생분해되는 소재로 다운을 대체하는 친환경 인공 충전재를 사용했다.

노스페이스에 따르면, 이 재킷의 성분은 흙속 미생물에 의해 약 5년이 경과하면 물과 이산화탄소로 분해돼 완벽하게 자연으로 돌아갈 수 있다. "제품의 겉감과 안감은 물론 실, 지퍼 등 부자재까지 자연에서 생분해되는 소재를 국내 최초로 제품 전체에 적용했다"는 게 관계자의 설명이다.

이에 노스페이스는 "앞으로도 기술 노하우와 친환경을 위한 지속적이고 진정성 있는 노력을 이행할 것이며, 전 세계 아웃도어 업계가 새롭게 관심을 가지고 있는 자연 생분해 제품 등을 통해 시장과 소비자에게 환경의 가치에 대한 새로운 화두를 지속적으로 제시하는 한편, 패션을 선도하는 업계 리더로서 역할을 이어가겠다"고 말했다.

5. '2021 에코 컬렉션' 가운데 에코 플리스.

인공 다이아몬드 생산 선언한
판도라

덴마크 주얼리 브랜드 판도라는 천연 다이아몬드 사용을 중단하겠다고 선언했다. 천연 다이아몬드 채굴 과정에서 열악한 노동환경 및 무분별한 광산 개발, 탄소 배출에 따른 환경 파괴 등 여러 사회문제를 야기하기 때문이다. 판도라는 채굴한 천연 다이아몬드 대신 실험실에서 합성한 인공 다이아몬드로 대체한다. 친환경 에너지를 사용해 제조한 인공 다이아몬드는 물리·화학적 성질이 천연 다이아몬드와 같으면서도 훨씬 저렴하다. 무엇보다 환경을 훼손하지 않고 윤리 소비를 실천할 수 있다는 점에서 MZ세대의 마음을 사로잡을 것으로 보인다.

point
판도라는 2022년 세계 최초로 탄소 중립 제품 '판도라 브릴리언스' 글로벌 출시를 앞두고 브랜드의 지속가능성에 대한 사회적 책임과 의지를 드러냈다.

내일을 위해 존재하는
나우

나우는 친환경 아웃도어 라이프스타일 리딩 브랜드라는 목표 달성에 박차를 가하고 있다. 제품의 약 80%가량을 오가닉 코튼, 페플라스틱 재활용 섬유, 가먼트 다잉 기법 등으로 제작한 친환경 패션을 선보이며 지속 가능성이라는 브랜드 정체성을 견고히 다진다. 2021년 바다에 버려진 폐그물을 재활용한 리사이클 나일론 소재를 사용해 다양한 의류를 출시함으로써 브랜드의 가치관을 확고히 만들었다.

point
초창기부터 환경을 생각하는 착한 브랜드라는 이미지를 꾸준히 쌓아왔다. 제품 제작에서 뿐만 아니라 지면, 광고 등 미디어 콘텐츠에서도 친환경 브랜드라는 키워드를 노출해 소비자에게 다가간다.

버려지는 의류가 없도록
래;코드(RE;CODE)

코오롱FnC의 래코드는 소비자에게 선택받지 못하고 버려지는 옷에 대한 고민에서 출발했다. 소각될 3년 차 의류 재고를 재활용하되 소량 생산, 독특한 디자인 등으로 원래보다 가치를 더한 패션 아이템을 선보인다. 창의적인 리(Re)디자인을 통해 새로운 가치를 창출하고 지속가능한 문화(Code)를 전파한다는 취지를 담고 있다. 더불어 한남동에 위치한 매장에서 환경을 생각하는 옷의 여정을 테마로 렌털 서비스 'Rent the Only One'을 진행한다. 고객이 매장을 직접 방문해 의상을 착용해보고 렌털 여부를 결정하는 시스템으로, 윤리적 소비와 공유 경제에 대한 소비자들의 의식이 높아지는 트렌드에 맞춘 서비스이다.

point
자칫 버려질 수 있는 재고 의류를 해체하고 재조합해 완전히 새로운 상품으로 만들어낸다는 점이 윤리적 소비 문화 선두에 있는 유럽에서도 래코드 제품이 인기를 끄는 요인이다.

자연으로부터, 자연을 위해
올버즈

미국에서 탄생한 패션 브랜드 올버즈는 지속가능성 소재, 심플한 디자인, 편안함을 핵심 가치로 두고 있다. 특히 메리노 양털, 유칼립투스나무에서 추출한 천연섬유, 플랜트 레더 등 자연에서 얻을 수 있는 뛰어난 소재를 사용하는 것으로 유명하다. 게다가 올버즈는 지속 가능한 지구의 미래를 위해 탄소 배출량을 제로로 감축하는 것을 우선 과제로 삼는 '재생 농업'에 주목하고 있다. 재생 농업은 농작물을 키우면서 토양을 개선하고 대기 중의 탄소를 제거하는 것을 목표로 하는 새로운 농업 형태로, 양 목장과 함께 환경 부하가 낮은 울 공급량을 늘리기 위해 노력 중이다.

point
기업의 가치뿐 아니라 늘 새로운 친환경 소재를 찾아 연구 개발하는 것이 특징이다.
더불어 제작 과정에서 범할 수 있는 환경오염에 대한 의식과 대안을 찾아 이를 공유하는 것 또한 바람직하다.

버려진 페트병으로 가방을 만드는 플리츠마마

"내가 버린 페트병이 가방으로 탄생한다"

2017년에 론칭한 플리츠마마는 폐페트병을 리사이클한 국내 최초의 브랜드로, 친환경 패션 산업에서 선도적 역할을 하고 있다. 플리츠마마는 리사이클과 업사이클을 넘어 '나'로부터 시작하는 가치 소비와 아름다운 선순환이란 의미의 '미사이클(Me-Cycle)' 개념을 제시하며 고객과 소통한다. 내가 버린 페트병이 아름다운 패션이 돼 다시 내게 돌아오며, 내가 소비하고 내가 책임진다는 의미로 스스로가 환경보호 실현의 주체가 될 수 있음을 강조한다.

'리젠(Regen)'으로 만든 가방

플리츠마마가 제품 제작에 사용하는 섬유는 '리젠'. 이는 버려진 투명 페트병에서 뽑은 원사로 만든 친환경 폴리에스터 섬유이다. 플리츠마마는 원사업체인 효성티앤씨와 MOU를 체결해 국내 최초로 폐자원의 국산화를 이뤘다. MOU 체결 전까지만 해도 한국에서는 폐페트병 배출과 회수 과정에서 이물질 등이 섞여 재생 원료로 활용하기 어려웠기 때문에 리사이클에 필요한 페트병을 수급받기 위해 일본, 대만 등 해외에서 깨끗한 페트병을 수입해야 했다. 리젠은 리사이클 공정 비용이 일반 원사보다 2~3배 비싸지만 친환경적임은 물론 발색력이 뛰어나 독특한 색상의 디자인을 구현하는 데 적합하다. 리젠은 원사 1kg당 500ml짜리 페트병 50개를 재활용할 수 있고, 폐기 또는 소각할 때 발생하는 이산화탄소 배출량이 일반 폴리에스터 원사에 비해 40~50% 정도 적다는 큰 이점이 있다. 플리츠마마의 숄더백은 16개, 레깅스는 10개, 맨투맨 티셔츠는 12개의 폐페트병을 사용한다. 이처럼 플리츠마마는 단순한 제품 판매를 넘어서 지속 가능한 소비 문화 전달을 목표로 상품을 제작한다.

자투리 하나 남기지 않는 반영구적 제품

플리츠마마는 아코디언처럼 접히는 주름 모양의 가방이 시

아코디언처럼 접히는 주름 모양은 플리츠마마의 시그너처이다.

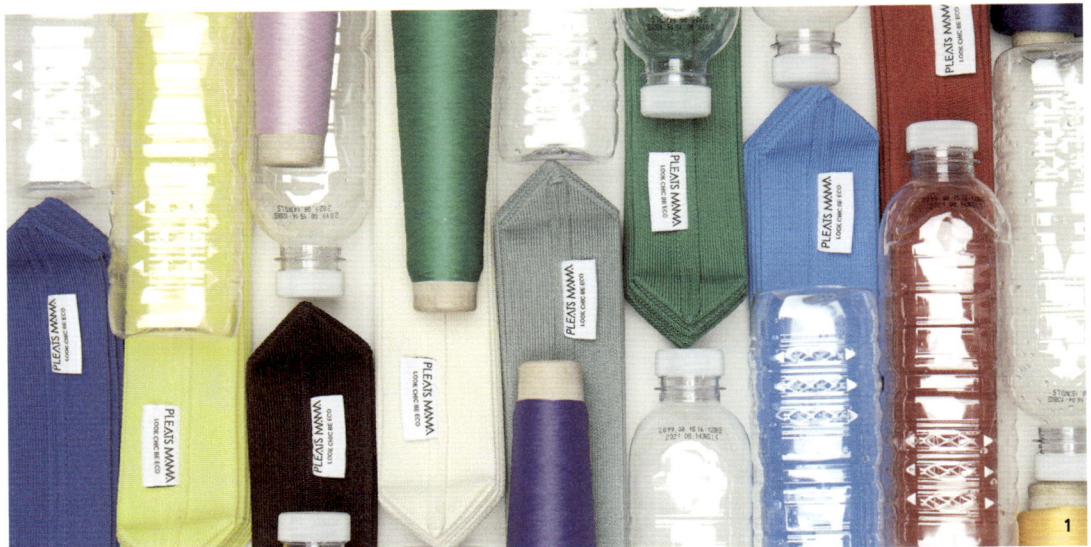

1. 플리츠마마의 제품은 폐페트병에서 뽑은 원사, '리젠'으로 제작한다.
2. 플리츠마마의 숄더백을 만드는 데는 16개의 폐페트병이 사용된다.
3. 폐페트병을 잘게 조각 내 폴리에스터 칩 형태로 만든 후, 열을 가해 원사를 추출한다.
4. 작은 사이즈로 텀블러와 휴대폰을 수납할 수 있는 텀블러백 레몬.

ECO PICK

point. 1

세계 최초로 100% 리사이클 스판덱스 상용화에 성공했다. 제주도와 MOU를 체결해 국내 최초로 100% 제주 폐페트병 재생 원사를 활용한 제품을 출시했다.

point. 2

제품을 오래 사용하기 바라는 마음에서 귀책 사유와 기한 등에 상관없이 무상 수리가 가능하다.

그녀처 제품으로, 디자인과 기능성 모두 놓치지 않는다. 제품 제작 과정에서도 제로 웨이스트를 추구한다. 일괄적으로 직조한 원단을 재단해 봉제하는 게 아니라 하나하나 성형해서 편직하기 때문에 재단으로 인해 버려지는 자투리 원단이 발생하지 않는다.

가방을 사용하지 않을 때 차지하는 공간을 최소화하도록 '맞주름'을 구현했는데, 이는 복원력이 우수한 독창적 주름(Pleats)으로 디자인 등록 및 특허를 획득했다. 가방의 독특한 주름은 고온 열처리 또는 화학 처리에 의한 인위적 주름이 아니라 원단을 편직해 구조적으로 구성한 것으로 세탁한 후에도 본래의 형태를 유지한다. 포장 및 배송에서도 환경에 미치는 영향을 최소화해 비닐 봉투, 상품 포장, 택배 상자의 3중 구조를 단일화한 자가 접착식 완충 포장재를 활용함으로써 과대 포장을 지양하는 등 포장용 쓰레기 배출을 줄이려 노력하고 있다.

주변을 소중히 지켜야 한다는 신념
엘에이알(LAR)

사회적 기업 엘에이알은 아시아 최초로 100% 친환경 신발을 만든다. 엘에이알 신발을 신고 환경문제에 대처하길 바라는 마음을 '주위를 돌아보자(Look Around)'라는 캐치프레이즈에 담았다. 불필요하게 버려지는 자투리 소가죽과 플라스틱 페트병을 재활용한 원사를 사용하고, 포르투칼 천연 코르크나무 껍질로 만든 인솔 및 생분해가 촉진되는 아웃솔 등을 적용해 신발 전 부분에 친환경 소재를 사용한 것이 특징이다. 엘에이알의 아웃솔은 일반 아웃솔 대비 생분해가 약 100배 빠르게 진행된다. 무엇보다 네오프렌 소재 제품과 비교하면 이산화탄소 배출량을 80% 감소시킨다는 강점이 있다.

point
신발의 안감은 3년간 농약을 사용하지 않은 농지에서 재배한 유기농 면화로 제작해 재배에서부터 신념을 지키는 행보를 보여준다.

인간과 환경을 사랑하는
빅토리아 슈즈

빅토리아 슈즈는 100년 넘는 역사를 지닌 스페인의 슈즈 브랜드다. 1915년부터 지금까지 자연에서 얻은 재활용 가능한 소재를 활용해 전통 방식으로 제품을 생산해왔다. 구두 모양이지만 운동화 같은 편안한 착화감을 자랑하는 메리제인 슈즈로 국내외에서 큰 인기를 얻고 있다. 천연고무로 신발 밑창을 만들고, 제품의 모든 색상은 천연염료로 염색한다. 또한 재활용 가능한 안전한 금속 소재를 사용함으로써 환경을 생각하는 브랜드 철학을 실천하고 있다.

point
한 세기를 앞서 실행한 친환경적 공정을 지금까지 실천하고 있다는 점이 괄목할 만하다. 밑창, 염색, 부자재 등 제작 과정에서 환경을 염두에 두고 있지만 '친환경'이라는 키워드보다 '패셔너블하다'는 이미지가 더 강해 선호도가 높다.

슬로우 패션에 앞장서는
쏘왓

쏘왓은 가공 과정에서 생기는 폐수, 썩지 않는 합성 소재, 가죽을 얻기 위해 무분별하게 기르는 동물 등 환경을 파괴하는 패션에 변화를 주기로 결심했다. 그 시작은 선인장 가죽으로 만든 가방과 지갑이다. 선인장은 열과 습기에 강하며 빗물과 이슬, 햇빛만으로 쉽게 재배할 수 있는 저탄소 식물이다. 또 경량성이 뛰어나고 내구성도 우수해 동물 가죽을 대체하기에 제격이다. 쏘왓은 패스트 패션에 익숙한 세상을 느리고 지속 가능한 세상으로 바꾸기 위해 계속 노력할 것이다.

point
선인장 가죽은 상단 줄기만 잘라 사용해 수확 후에도 지속적인 농업이 가능하다. 수확 후에는 오직 햇빛만으로 선인장을 말리고 분쇄해 공정 과정에서부터 친환경적인 면모를 보여준다.

크래프트 정신이 깃든
친환경 라이프스타일의 확장
저스트 크래프트

친환경 라이프스타일 브랜드, 저스트 크래프트는 장인 정신을 바탕으로 한 수공예품이라는 의미다. 저스트 크래프트는 다양한 제품군을 합리적인 가격대로 구성하며, 실용성을 기반으로 지속 가능한 가치를 추구해왔다. 제품 원료부터 포장재에 이르기까지 어떤 과정에서도 재생 불가한 일회용 쓰레기를 만들지 않는 데 주력하고 있다. 더불어 매출의 1%를 친환경 단체인 '미래숲'에 기부하면서 나눔 철학을 실천으로 이어간다. 특히 중국의 쿠부치사막과 동해안 산불 피해지에서의 나무 심기 활동은 사회적 책임을 다하려는 저스트 크래프트의 마인드를 잘 보여준다.

point
원료부터 포장재까지 재생 가능성을 염두에 두고 있다는 점이 특출나다. 수익의 일부를 기부와 나눔을 통해 자연에 환원하고 있다.

우리 것이 아닙니다
낫아워스

비동물성 소재로 오래 사용 가능하다는 걸 증명하고파

최근 1년 동안 친환경 브랜드 언급량에서 무서운 상승세를 보이며 빅브랜드 사이에서 ECO RANKING 12위에 안착한 '낫아워스(NOT OURS)'. 이 브랜드의 성장세가 더 대단한 건 탄생한 지 4년 정도밖에 안 됐다는 것. 디자이너 브랜드로서 낫아워스가 이만큼 자리 매김한 이유는 과연 무엇일까?

무표정한 곰 캐릭터

낫아워스(NOT OURS)는 영문 그대로 '우리의 것이 아닌'이라는 뜻이다. '우리의 털이 아닌 동물의 털' '우리의 가죽이 아닌 동물의 가죽' 같은 옷을 만들면서 동물의 것을 사용하는 것에 대한 미안함을 브랜드명으로 나타낸 것이다. 또 단순히 옷감에 대한 이야기뿐 아니라 '우리의 자원이 아닌 미래 세대의 자원'에 대한 편치 못한 마음도 내포하고 있다. 더불어 NOT OURS의 OURS(욱스)는 프랑스어로 '곰'을 뜻해 '동물의 가죽이나 털로 만든 것이 아니다'라는 중의적 의미를 갖는다. 그래서 낫아워스를 대표하는 심벌로 무심한 표정의 곰 욱스를 사용한다. 낫아워스는 이 캐릭터를 상의 전면에 디자인으로 적극 활용해 소비자에게 친근하게 접근하는 것은 물론 브랜드 각인에도 힘쓰고 있다.

채식주의자와의 소통

2021년 12월 기준, 트위터 팔로워 약 7,000명, 인스타그램 게시글 1,300여 개. 낫아워스는 채식주의자들 사이에서 인지도가 높은 브랜드이다. 인지도 상승의 요인은 비거니즘을 지향하는 소비자들의 지지를 받고 있기 때문이다. 낫아워스 제품을 소비한 사람들은 리트윗을 통해 자진해서 다른 소비자에게 낫아워스 제품을 홍보한다.
이에 낫아워스는 꾸준히 인스타그램 채널을 통해 스토리를

동물의 털과 가죽을 사용하지 않는다는 낫아워스의 포스터.

ECO PICK

1. 무심한 표정의 '욱스'가 그려진 낫아워스의 굿즈.
2. 낫아워스는 유니섹스 디자인의 제품을 꾸준히 내고 있다.
3. 친환경 메시지를 디자인에 넣어 환경에 대한 관심을 모은다.
4. 선인장을 이용한 비건 가죽을 제품에 적용하고 있다.
5. 선인장 가죽을 이용한 가방.

point. 1
정감 가는 캐릭터를 브랜드 아이콘으로 활용해 브랜드 인지도와 메시지를 동시에 전달한다.

point. 2
성별과 사이즈에 구애받지 않는 편안한 디자인으로 낫아워스의 가치에 동참하는 사람이라면 누구나 편하게 착용할 수 있다.

전개한다. 이때 단순히 제품 사진이나 게시글만을 업로드하지 않고, 소비자가 모델이 돼 제품을 입은 착장 사진, 유명인이 제품을 착용한 모습, 비건 음식이나 식당, 비건 서적, 비건의 날 등 비건 생활과 관련한 다양한 정보와 이야기를 담는다. 여기에 '#낫아워스의_비건도시락' '#낫아워스의_비건점심특선' 등 특정한 날 하루 한 끼만큼은 비거니즘에 동참해주길 바라는 운동을 펼치기도 하며, 채식주의자 및 소비자와 소통한다.

유니섹스 디자인
모든 제품에 동물과 PVC를 사용하지 않는다는 점 이외에도 눈여겨볼 점이 있다면 바로 디자인이다. 낫아워스의 모든 제품은 활동성과 편안함을 중시해 성별에 구분이 없다. 몸매에 실루엣이 드러나는 디자인이 아닌 드롭 숄더에 넉넉한 오버사이즈 스타일이 이 브랜드의 상징이다. 이 때문에 성별은 물론 나이와도 상관없이 착용 가능하다. 그야말로 남녀노소 누구나 자연과 동물을 사랑한다면 입어봄 직한 브랜드인 것이다.

바르는 채식
스킨푸드

변함 없는 철학과 끊임 없는 연구

"먹지 마세요, 피부에 양보하세요." 2006년 배우 성유리를 모델로 쓴 '스킨푸드' 광고는 출범한 지 불과 2년밖에 안 된 브랜드 인지도를 단숨에 상위권으로 올려놨다. 먹어서 좋은 음식이 피부에도 좋다는 게 당시 키워드이던 '웰빙' 및 '자연주의'와 잘 맞아떨어졌던 것. 그 후로 15년이 지난 오늘, 스킨푸드가 처음 내걸었던 슬로건은 현재의 키워드 '비건' 및 '친환경'과도 여전히 일맥상통한다.

여전히 유효한 "먹지 말고 피부에 양보하세요"

2012년 스킨푸드는 매출 1,800억 원, 영업이익 100억여 원을 올리며 국내 로드숍 화장품 시장에서 3위를 차지했다. 그러나 영광의 순간도 잠시, 코즈메틱 편집숍 확대와 2017년 '사드 여파'로 중국인 관광객의 발길이 끊기면서 로드숍 브랜드의 약세가 시작됐다. 더불어 팬데믹으로 인해 대면 쇼핑과 외국인 방한이 줄면서 한 차례 더 위기를 맞았다. 그러나 스킨푸드 이내 재출발을 알렸다. 2021년 4월 명동에 위치했던 스킨푸드 1호점 문을 다시 열고, 조직 구조 개편과 함께 편집숍에 제품을 입고했다. 더불어 유튜브 '네고왕'과 손잡고 파격적인 프로모션을 선보여 단일 품목으로 25만 개를 판매하는 기록을 세웠다. 이 같은 거침없는 행보는 1세대 화장품 로드숍을 재조명하기에 충분했으며 스킨푸드가 갖고 있는 핵심, 즉 '좋은 재료로 만든 좋은 화장품'이라는 것을 다시금 증명했다.

24개의 비건 라인

클렌저, 패드, 마스크, 토너, 앰플, 에센스, 크림, 파운데이션, 마스카라, 틴트. 클렌징부터 기초, 색조 라인까지 스킨 푸드의 비건라인은 풍성하다. 그야말로 뷰티 전 과정을 비건으로 채울 수 있는 것. 비건 라인의 제품은 총 24개이며, 이러한 제품을 찾는 소비자를 위해 공식 홈페이지에 제품을 '비

초창기부터 먹을 수 있는 재료로 제품을 만든다는 친환경 뷰티를 주장해온 스킨푸드의 제품.

ECO PICK

1. 최근 문을 연 스킨푸드 도산점의 풍경.
2. 스킨푸드의 유자 맑은 에센스.
3. 당근을 주원료로 한 '캐롯 라인'의 비건 패드.

ECO PICK

point. 1
인기 유튜브 채널과의 협업을 통해
이슈를 만들고,
파격적인 할인 프로모션을 진행한다.

point. 2
'자연주의'에서 '비건'으로 넘어가는
시대의 키워드를 활용,
비건 뷰티의 선두 주자로서
다양한 제품군을 보유하고 연구한다.

건' 카테고리로 구분해 '바르는 채식'이라는 키워드로 소개하기도 한다. 이는 스킨푸드가 비건 뷰티 브랜드의 선두 주자로서 쌓아 올린 자랑할 만한 스펙트럼이라 할 수 있다. 특히 근래 내놓은 캐롯 카로틴 라인의 수분 패드와 크림은 제주 유기 농산물 인증을 받은 무농약 당근을 재료로 사용해 전 성분 EGW 그린 등급을 받았으며, 영국 비건 단체 '비건 소사이어티'와 '한국비건인증원'에서 모두 비건 인증을 마쳤다.

'잘 버렸습니다' 캠페인
깨끗한 지구를 위해 스킨푸드는 2021년 4월 22일 지구의 날에 공식 몰 매출 전액으로 친환경 농업용 해충 퇴치제를 구매해 농가에 전달하는 다소 파격적인 행보를 보였다. 이는 우리 토양을 지키겠다는 브랜드의 의지를 전액 기부라는 방식으로 표출한 것이다. 더불어 공식 몰에서 구매한 제품은 배송 시 비닐 뽁뽁이 대신 지속 가능한 종이 완충제로 포장했다. 그뿐만 아니라 택배 상자에도 비닐 테이프를 일체 쓰지 않고 접합 날개가 있는 박스를 사용해 소량의 비닐 쓰레기가 생기는 것조차 배제했다. 또 제품 상세 페이지마다 빈 용기 분리배출 방법을 소개해 제품을 사면서 버리는 방법까지 생각하게끔 하는 방식을 적용하는 등 다양한 환경보호 캠페인을 진행 중이다.

4. 흑설탕 원료인 'BLACK SUGAR 라인'의 다양한 제품.

뷰티에 리필 바람 불러일으킨
아모레퍼시픽

아모레퍼시픽그룹은 아모레스토어 광교점에 포장재 없이 내용물만 구매할 수 있는 '리필스테이션'을 오픈했다. 리필스테이션에서는 샴푸와 보디워시 등 제품의 내용물을 소비자가 원하는 만큼 소분해 갈 수 있는 것이 특징이다. 제조 후 100일 이내에 내용물을 사용하며 리필에 앞서 자외선 LED 램프로 용기를 살균 처리해 고객들이 안심하고 이용할 수 있다. 전용 리필 용기는 플라스틱 사용량을 30% 줄여 제작했다.

point
화장품 쓰레기를 줄이는 동시에 비닐이나 플라스틱 사용량을 최소화하며 합리적이고 친환경적인 소비를 실천할 수 있다는 점에서 리필 문화의 확산은 소비자에게 꼭 필요한 시스템이다.

꼭 필요한 것만 담는 진정성
이솝

짧은 이야기로 교훈을 주는 〈이솝 우화〉 같은 브랜드가 되길 원했던 이솝은 그 신념을 지켜오며 품질 높은 실용주의 브랜드로써 두꺼운 마니아층을 보유하고 있다. 시약병에서 모티프를 얻은 갈색 유리병 용기와 알루미늄 튜브, 일회용 쇼핑백을 대신하는 패브릭 주머니는 이솝의 시그너처다. 환경에 미치는 영향을 최소화하기 위해 설명서를 과감히 빼는 대신 라벨에 제품 설명을 담았다. 이솝이 사용하는 유리병의 50%는 재활용 원료로, 제품 운송에 사용하는 박스는 100% 재활용 파이버 보드로 만든다. 아울러 불필요한 포장을 생략하고, 모든 인쇄물은 콩기름 잉크를 사용해 제작한다.

point
환경 이슈가 발생하기 전부터 친환경 포장재를 사용하는 등 지속 가능한 활동을 꾸준하게 지속해 왔다는 점에서 이솝의 진정성을 느낄 수 있다.

처음부터 끝까지 지구 생각
아로마티카

아로마티카는 환경을 생각한 원료는 물론, 리필스테이션 오픈, 리필 팩 출시 등으로 제로 웨이스트를 실천하고 있다. 전 제품에 폐플라스틱과 폐유리를 재활용해 만든 PCR 용기를 사용한다. 2016년부터 꾸준히 리필 팩을 선보이고 있는데, 400ml 용량의 리필 팩을 구매할 경우 같은 용량의 본품 용기보다 플라스틱 사용량을 최대 71% 줄일 수 있다. 비닐 사용량을 줄인 투명 파우치는 캡 부분만 도려내면 비닐로 분리배출이 가능하다. 더불어 화장품 용기를 분리배출하기 쉽도록 물에 잘 떨어지는 수분리 라벨을 부착하고, 재활용 가능한 투명 용기를 개발했다. 또한 펌프를 단일 플라스틱 소재의 캡으로 변경하는 등 지속적인 노력을 기울이며 환경에 대한 진정성을 제품에 담고 있다.

point
매년 11월 15일을 '아로마티카 리필데이'로 지정해 리필 문화 활성화에 앞장서고 있다. 서울 강남구 신사동에 위치한 아로마티카 리필스테이션에서 리필 체험을 할 수 있다.

종이 포장에 담긴 화장품
톤28

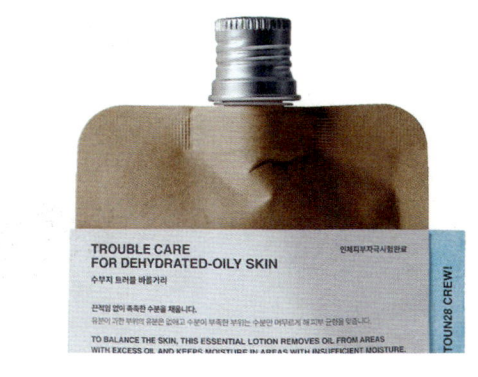

톤28은 '환경을 생각하지 않습니다. 환경을 위해 행동합니다'라는 슬로건을 내걸고 '레스 플라스틱(Less Plastic)'을 실천하는 국내 기업이다. 특히 500여 회의 테스트와 연구를 거쳐 종이 용기 제작에 성공했다. 이 용기는 화장품 성분은 안전하게 지키고 환경에는 무해한 세계 최초의 패키지다. 한국환경공단의 인증을 받아 일반 종이처럼 재활용도 가능하다. '성분에 90%, 용기에 10%'라는 투자 원칙을 내세우며 톤28은 환경을 위해 한 발 한 발 내딛는다.

point
'종이에 화장품을 담는다'는 기발한 아이디어가 톤28의 상징이 됐다. 성분은 물론 용기에도 투자하고 있다는 철학이 자연을 향한 브랜드의 태도를 방증한다.

환경, 동물, 사람이 조화로운 세상을 꿈꾸는 러쉬

러쉬가 말하는 '친환경'의 의미

영국에서 출발한 핸드메이드 코즈메틱 브랜드 러쉬(LUSH)는 광고를 따로 하지 않는다. 대신 디지털 윤리, 동물실험 반대, 환경보호 캠페인에 주력하며 러쉬가 강조하는 윤리를 몸소 이행한다. 구체적으로는 동물실험을 반대하고 대신 동물 대체 실험을 후원한다. 환경보호를 위해 용기를 재활용하고 포장지를 줄이기 위해 연구를 거듭한다. 이런 행보를 통해 러쉬를 신뢰하고 지지하는 두터운 고객층이 형성됐다. 자신의 신념과 가치를 추구하는 것이 곧, 러쉬의 끝없는 성장 비결이다.

러쉬는 26년째 베지테리언

러쉬의 모든 제품은 100% 베지테리언 원료이며, 그중 비즈 왁스 등을 함유한 제품을 제외하면 95%가 식물성 원료로만 만들어진다. 1995년 창립한 이래로 단 한 번의 동물실험도 하지 않았으며, 특히 원재료조차 동물실험을 거치지 않은 것만 사용한다.

러쉬는 동물실험에 반대한다는 의미로 '#BeCrueltyFree'라는 라벨을 제품에 부착해 확고한 신념을 전달한다. 동물성 원료를 대체하기 위해 끊임없이 연구하고 도전한 결과, 2019년 3월에는 제품에 달걀을 사용하지 않겠다는 '에그 프리(egg-free)'를 선언했다. 달걀이 들어간 성분은 두부, 콩 요구르트, 아쿠아파바, 밀 글루텐 등 식물성 원료로 대체하고 기존 제품의 효과를 그대로 유지한다. 러쉬는 세계에서 가장 오래되고 권위 있는 영국비건협회로부터 비건 제품임을 인증받았으며, 러쉬 제품에서 비건 마크를 확인할 수 있다.

포장재를 벗어던지다

러쉬는 전체 제품의 약 62%가 별도 포장지를 사용하지 않는다. 1988년 포장재 없는 샴푸인 '샴푸 바'를 시작으로 다양한 패키징 프리 제품을 선보인다. 일반 250g 용량 샴푸 3개를 압축한 고체 샴푸 바와 알록달록한 색이 돋보이는

러쉬는 동물실험에 반대한다는 의미로 '#BeCrueltyFree'라는 라벨을 제품에 부착했다.

ECO PICK

1. 고체 샴푸 바 등 포장재가 없는 러쉬의 제품.
2. 100% 분해 가능한 러쉬의 블랙 팟.

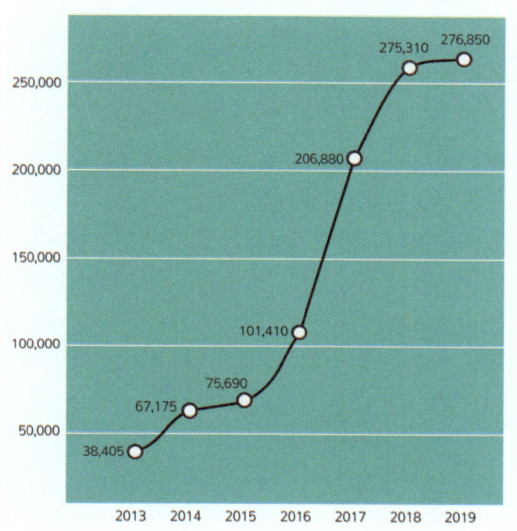

point

제품을 생산하는 생산자들은 실제로 먹을 수 있는 과일, 채소, 허브 등을 장을 본 뒤 그 재료들로 제품을 제조한다. 실제 요리를 하듯 과일을 조각내 갈거나 즙을 내는 방식으로 진행한다. 정직하고 안전한 제품을 만들겠다는 러쉬의 신념이 드러난다.

세정 제품, 입욕제 등은 포장재 없이도 신선함과 촉촉함을 유지한다. 이런 패키징 프리 제품의 증가는 제품의 자체 보존 능력 향상과 일맥상통하는데, 제품이 합성 보존제 없이 신선하게 유지되는 것을 '셀프프리저빙(Self-Preserving, SP)'이라 한다.

물이 거의 또는 전혀 없는 상태에서 제조한 고체 상태의 제품은 자연스럽게 셀프프리저빙되는데, 유기농 코코아 버터 같은 천연 버터가 가득해 실온에서는 고체 상태를 유지하고, 박테리아가 번식하기 어려운 환경을 조성한다.

러쉬의 이런 노력이 소비자들의 욕실에 변화를 만들어내며, 플라스틱 없는 환경을 조성할 수 있게 해준다. 그 결과 지금까지 불필요한 포장재 1,572kg이 매립지로 가지 않고, 1,500만 개의 샴푸 용기를 절약할 수 있었다.

블랙 팟(Black pot)의 환생

'블랙 팟'은 재활용한 폴리프로필렌(PP)으로 만든 검정색 용기를 일컫는다. 러쉬는 로션처럼 반드시 용기에 담아야 하는 제형의 제품에는 블랙 팟을 사용하고 있다. 100% 분해 가능한 무독성 용기로, 제품을 제조할 때 나오는 유기성 폐기물도 모두 퇴비로 재활용한다. 2013년부터 재활용에 대한 인식 확산을 위해, 이 검정색 용기 5개를 깨끗하게 씻어 매장을 방문하면 러쉬 베스트 제품인 '프레쉬 마스크'로 교환해주는 '블랙 팟의 환생'이라는 캠페인을 진행 중이다. 수거한 블랙 팟은 세척, 분쇄해 새로운 블랙 팟으로 재탄생된다. 최근 3년간의 블랙 팟 회수율은 론칭 시점인 2013년에 비해 537%나 증가했다. 이 캠페인을 통해 윤리적 가치에 공감하고 소비하는 트렌드를 엿볼 수 있는 대목이다.

내 두피에 첫 비건
클로란

멀티케어 브랜드 클로란은 식물 생태계의 지속 가능한 미래를 위해 50년간 연구를 지속해왔다. 그 결과 과학을 바탕으로 안전하면서도 뛰어난 효능의 제품을 선보인다. 식물 성분의 추출부터 제품 사용에 이르기까지 모든 프로세스를 엄격한 기준으로 관리하는 '보태니컬 엑스퍼티즈'라는 자체 인증 방식을 도입했다. 여기에 1994년에는 클로란 식물재단을 만들어 보호, 탐사, 교육 같은 프로그램을 운영해 식물을 위한 주요 가치를 다음 세대에 전하고 있다.

point
축적한 데이터를 토대로 브랜드 자체 기준 관리 프로그램을 만들어 신빙성을 높였다. 제품 원료의 핵심인 '식물'을 브랜드 이념과 결부시켜 재단을 설립, 교육을 통해 미래 세대에 브랜드 전파와 다음을 준비하는 브랜드라는 이미지를 상기시킨다.

한국 최초의 비건 스킨케어 브랜드
멜릭서

"먹는 것뿐만 아니라 매일 바르는 화장품까지, 더 건강할 수는 없을까?" 2018년 론칭한 멜릭서는 이 물음으로부터 출발했다. 멜릭서는 제품을 만들고 사용하는 과정에서 사람과 자연이 함께 건강할 수 있는 방법을 고민했다. 멜릭서의 선택은 동물성 원료를 배제한 채식주의 화장품을 만드는 것. 여기에 유통 과정에서 환경에 대한 영향을 최소화하기 위해 지속 가능한 산림 경영을 실천하는 국제삼림관리협의회(FSC) 인증 포장재를 사용하며, 자체 공병 수거 서비스까지 운영하고 있다.

point
멜릭서 제품의 공병을 온라인으로 반납 신청하면, 무료로 수거해 간다. 소비자들의 친환경 움직임에 동참하겠다는 뜻으로, 큰 호응을 얻고 있다.

성분부터 포장까지 환경 고려한
스킨그래머

스킨그래머는 지구를 위한 라이프스타일, 일명 'Let's meet Korean Clean Beauty', 즉 클린(Klean) 라이프스타일을 추구한다. 소등하기, 동물실험하지 않기, 인공색소 무첨가, 식물에 물 주기, 멍 때리기 등으로 환경과 지속가능성을 위해 브랜드가 제안하는 한국형 생활 방식이다. 스킨그래머의 모든 제품은 피부 타입과 연령대를 불문하고 안전하게 사용할 수 있도록 만들었다. 미네랄 오일, 인공색소 등 인체에 해로운 화학 성분을 사용하지 않으며 동물성 원료 배제, 동물실험을 하지 않았다는 페타(PETA)의 크루얼티 프리 인증과 프랑스 이브 비건(EVE VEGAN)인증까지 획득했다. 여기에 100% 재활용 용기와 콩기름 잉크를 사용해 성분부터 패키지까지 가장 본질적인 환경보호를 실천한다.

point

브랜드만의 고유한 언어를 만들어 사용하며, 추구하는 바를 라이프스타일 항목으로 표현해 브랜드와 소비자의 일상을 연결 지으려 한다.

재생 유기 농법 실천하는
닥터 브로너스

닥터 브로너스는 160년 넘는 전통의 미국 유기농 화장품 브랜드다. 인간과 동물, 지구가 공존하는 '올 원(All-One)' 철학을 가지고 친환경 제품을 만든다. 닥터 브로너스는 원료 수급 시 재생 유기 농업을 적극적으로 실천하고 있다. 이는 토양에 건강한 영양을 공급해 대기 중 이산화탄소를 땅속으로 흡수시켜 온난화를 억제하는 방법으로, 농약과 화학비료 배제에서 한 발 더 나아간 기후 친화적 농법이다. '2025 기후 긍정' 프로젝트를 통해 2025년까지 100% 탄소 중립 실현을 목표로 하고 있다.

point

유기농 화장품 부문에서 오랜 역사를 자랑하며, '올 원'이라는 슬로건으로 브랜드 가치를 소비자에게 어필한다. 더불어 선두 전략을 통해 누구보다 먼저 친환경 행보의 의지를 내비친다.

지구를 위한 실천
이니스프리

소비자 참여를 이끌어내는 캠페인을 펼치다

이니스프리는 지구를 위해 일상에서 친환경 라이프스타일을 실천할 수 있는 다양한 방법과 체험 프로그램을 소개하고 있다. 더불어 나무를 심고 숲을 가꾸어 자연에 보답하고자 하는 캠페인도 함께 전개한다. 이런 캠페인을 통해 제주도를 포함 국내외 11개 지역에 2020년 누적 19만9,073그루의 나무를 심어 숲을 조성하는 등 자연 가치 보존에 앞장서고 있다.

버리지 말고 반납하세요

ESG 경영의 중요성이 주목받지 않던 2003년부터 이니스프리는 '공병 수거 캠페인'을 시작했다. 환경에 미치는 영향을 줄이기 위해 다 쓴 화장품 용기를 수거해 재활용하고, 동참한 고객들에게 뷰티 포인트 등을 적립해주는 친환경 캠페인이다. 이니스프리는 2011년부터 2020년까지 10년간 이 캠페인을 통해 플라스틱 및 유리 1,027톤을 수거했다. 이는 1,316톤의 이산화탄소를 저감하고, 소나무 9,427그루를 식재한 효과와 같다. 고객들이 반납한 공병은 이니스프리의 제품 용기로 재탄생하거나 인테리어 자재, 생활용품 등으로 재활용되고 있다.

공병으로 지었습니다

'공병공간'은 이니스프리가 자원 순환의 가치를 전달하기 위해 선보인 매장이다. 2017년 6월 서울 종로구 소격동에 문을 연 공병공간은 80년 된 한옥 두 채를 연결해 목구조는 그대로 살리는 동시에 23만 개의 이니스프리 공병을 분쇄해 만든 마감재를 활용한 인테리어로 화제가 된 바 있다. 올해 새로운 모습으로 돌아온 'NEW 공병공간'은 지구를 위한 작은 실천을 재미있게 체험할 수 있는 공간으로 한층 더 업그레이드됐다. 공병공간에서는 공병 수거부터 플라스틱 분쇄물로 튜브 짜개를 제작하기까지 버려지는 플라스틱이 선순환하는 업사이클링 전 과정을 체험할 수 있다.

이니스프리는 제주도 곶자왈을 보호하기 위해 2012년부터 수익금의 일부를 곶자왈공유화재단에 기부한다.

ECO PICK

1. 이니스프리는 봉사활동을 통해 말레이시아 '라자 뮤사 숲'에 매년 600그루의 나무를 심으며 건강한 습지와 숲을 조성하고 있다.
2. 서울 소격동에 위치한 이니스프리의 공병공간.
3. 공병 수거 캠페인에 참여할 수 있도록 공병공간 내에 수거함이 마련돼 있다.
4. 클래스를 신청하면 플라스틱 분쇄물로 업사이클링 제품을 만드는 과정을 체험할 수 있다.
5. 에코손수건 캠페인은 손수건을 쓰는 작은 행동이 자연을 지켜낸다는 의미를 담은 이니스프리의 대표적 친환경 캠페인이다.

point.

이니스프리 NEW '공병 프리퀀시'.
새로 도입한 '공병 프리퀀시'는 공병 수거 캠페인을
업그레이드해 공병 반납과 함께
관련 스티커를 모을 수 있는 이벤트.
기존 뷰티 포인트 적립은 물론이고 추가로
스티커를 적립할 수 있다.
이니스프리는 공병 스티커 10개, 20개, 30개 등
개수에 따라 추가 뷰티 포인트, 에코백,
리스테이 핸드워시 세트 등을 증정해 환경을 위한
고객들의 참여를 독려한다.

손수건을 꺼내세요

'에코 손수건 캠페인'은 손수건을 쓰는 습관처럼 작은 행동들이 모여 자연을 지킬 수 있다는 의미를 담은 이니스프리의 대표적인 글로벌 친환경 캠페인으로, 2010년부터 시작해 2019년까지 매해 6월 환경의 달에 진행했다. 2020년부터는 1년에 한 번 선착순 신청을 받아 증정하던 기존 방식이 아닌 연중 다양한 이벤트와 프로모션을 통해 에코 손수건 캠페인을 진행한다. 해마다 새로운 슬로건으로 친환경 메시지를 전달하며 소비자들이 일상 속 작은 실천으로 환경을 지킬 수 있도록 응원한다.

제주도를 지킵니다

제주도 곶자왈은 한반도 최대 규모의 상록수림 지대로 '제주도의 허파'라고 불리며 제주도 생태계에 중요한 역할을 하는 곳. 이니스프리는 난개발로 점점 사라져가는 곶자왈을 보호하기 위해 지난 2012년부터 이니스프리 남성 라인인 '포레스트 포맨' 판매 수익금의 일부를 곶자왈공유화재단에 기부하고 있다. 또한 2011년부터 이니스프리 직원들이 '그린원정대'를 꾸려 매년 제주도 해안가의 해양 쓰레기와 폐목재를 수거하는 활동하고 있다.

나무를 심습니다

이니스프리는 2012년부터 세계 곳곳에서 자연 가치 보존을 위한 숲 조성 캠페인을 진행하고 있다. 사막화 방지, 토양 유실 및 해안 범람 방지, 화재로 파괴된 숲 복원, 자연보호구역 보존, 습지 온실가스 배출량 저감에 이르기까지 다양한 형태의 숲 보호 활동을 전개한다. 대표적인 곳이 홍콩 펭차우섬. 펭차우섬은 2009년 대규모 화재로 숲이 소실되어 나무뿐만 아니라 새, 벌 등 다양한 생물종까지 사라져 생태계가 무너져버렸다. 이니스프리는 2016년 펭차우섬에 숲을 조성하고 매년 1,000그루의 나무 심기 활동을 후원하는 등 생태계 회복에 힘을 보태고 있다.

푸른빛 바다를 살리는
클라뷰

진주코스메틱 브랜드 클라뷰는 바다가 파란 생명력을 되찾고 맑은 숨을 쉴 수 있도록 매년 5월 '파란숨 캠페인'을 진행한다. 파란숨 캠페인은 '바다가 쉬는 숨'이라는 뜻으로, 바다 사막화 현상의 심각성을 알리고 '바다 숲' 조성의 중요성과 관심을 일깨우기 위해 마련한 사회 공헌 캠페인이다. 바다 숲은 연안 생태계를 회복시켜 오염 물질 정화, 온실가스 저감 등 순기능을 한다. 클라뷰는 한국에서 생산되는 진주로 화장품을 만드는 회사로서 제주 해녀 문화 보존 및 바다 환경 정화를 위한 사회 공헌 활동을 브랜드 론칭 직후인 2016년부터 지속해왔다.

point
클라뷰는 바다 사막화에 대한 경각심을 담은 메시지를 대중에 전달하기 위해 온라인 영상과 포스터 등을 제작해 우리 바다에 대한 많은 관심을 유도하고, 공식몰 및 공식 SNS 채널에서 다양한 이벤트와 기획전으로 소비자와 소통한다.

빙하의 아름다움을 후대에 전하려는
라프레리

스위스 화장품 브랜드 라프레리는 알프스의 고귀한 자연경관을 이루는 빙하 보호에 관심을 가져왔다. 빙하학과 기후변화, 환경보호를 연구하는 취리히연방공과대학 빙하학부와 그 뜻을 함께하고 있으며, 예술을 통한 사회 공헌 캠페인 '스위스 비전 오브 뷰티'를 새롭게 시작해 빙하 보존에 한층 더 앞장서고 있다. 이 캠페인에서 라프레리는 스위스의 자연을 담은 미술 작품을 선보이고 판매 수익금 기부를 위해 특별작 3점을 온라인 경매에 올리기도 했다. 럭셔리 뷰티의 선두 주자로서 라프레리는 다른 차원의 의미 있는 럭셔리를 실천하는 중이다.

point
브랜드 본국의 자연환경인 빙하를 보호하는 캠페인으로, 빙하가 갖고 있는 신비함과 깨끗한 이미지를 브랜드에 차용한다. 더불어 수익금 기부 방법 역시 브랜드가 갖고 있는 고급스러움을 잃지 않도록 '아트'와 '경매'라는 전략을 이용한다.

워터리스 뷰티
핀치 오브 컬러

'물 없는 화장품'이 뷰티 업계의 새로운 친환경 방식으로 떠올랐다. 핀치 오브 컬러는 최초로 물 없는 색조 화장품을 만들었다. 어린 시절 물 부족을 경험했던 설립자 린다 트레스카는 물을 사용하지 않는 뷰티 브랜드를 만들기 위해 노력했다. 화장품 속 물을 줄이면 세계적 물 부족 위기에 대응하는 동시에 무게가 감소한 만큼 운송과 과정에서의 탄소 배출 감량에도 효과적이다. 핀치 오브 컬러는 물 대신 오일, 버터 및 식물 성분을 사용한 다양한 립스틱과 스킨 세럼을 판매한다. 브랜드는 수익금 일부를 깨끗한 식수가 필요한 전 세계 지역 사회와 물 부족 및 오염 문제를 해결하기 위해 노력하는 단체에 환원하고 있다.

point
화장품 제조에 물을 사용하지 않는다는 획기적인 방식 자체가 눈길을 끈다. 또한 재료와 제품 운송 과정에서 발생하는 탄소 배출 문제에도 관심을 기울인다. 수익금 일부를 물 부족과 오염 문제 해결을 위해 환원하는 것도 포인트이다.

모두를 위한 비건 네일
플루케

아이부터 어른까지 그리고 임산부가 피부에 발라도 안전한 매니큐어가 있다. 바로 플루케가 만드는 '어도러블 매니큐어'다. 기존 네일 폴리시와 달리 물을 기반으로 만든 수성 매니큐어로 피부 및 손톱의 자극과 손상 예방력이 뛰어나다. 매니큐어 특유의 독한 냄새가 없고 필오프(peel off) 타입이라 화학 리무버를 사용할 필요가 없다. 영국 비건 소사이어티(The Vegan Society)로부터 비건 인증을 받아 '모두를 위한 뷰티'라는 슬로건에 걸맞은 제품을 만들고 있다.

point
새로운 소재와 제품을 개발해 '한국 최초'와 '비건 네일'이라는 수식어를 얻었다. 안전한 원료만을 사용해 안전성까지 입증받아 건강한 네일 제품이라는 이미지를 확보했다.

빨대 없는 우유
매일유업

고객의 소리에 귀기울여 제품 포장 수정

이상 기온과 생태계 파괴 등 환경문제가 관심사로 떠오르고 이와 관련한 소비자들의 개선 요구 목소리가 높아지자 매일유업은 발 빠르게 환경을 고려한 제품을 출시하고 있다. 페트 용기 제품을 종이 소재로 바꾸고 플라스틱 빨대를 제거하는 등 플라스틱 사용량을 줄이고 있다. 매일유업은 고객의 불편은 최소화하면서 환경에 도움이 되도록 노력하고 있다.

빨대 어택에 응답한 빨대 없는 우유

2020년 우유나 두유 팩에 플라스틱 빨대가 붙어 있는 것이 낭비라고 여긴 시민들은 그간 모은 빨대와 함께 편지를 여러 우유 회사에 동시다발적으로 보냈다. 빨대 사용을 줄여 달라는 취지의 공동 행동이었다. 불특정 다수의 네티즌들은 온라인으로 #빨대반납 #빨대는선택 #빨대어택이라는 해시태그가 달린 글을 퍼나르며 함께 행동했다. 가장 먼저 응답한 기업이 매일유업이었다. 일회용 빨대를 모아 매일유업에 보낸 한 소비자에게 매일유업은 손 글씨로 답장했다. 매일유업은 마시는 발효유 '엔요100'에서 빨대를 제거한 것을 필두로, 빨대를 제거한 '상하목장 유기농 멸균우유'를 출시하고 연이어 '매일 멸균 오리지널'에서 플라스틱 빨대를 제거한 '매일우유 빨대뺐소'를 출시했다. 멸균 팩 날개에는 가위로 자르기 쉽도록 절취선을 넣어 음용을 용이하게 만들었다. 매일유업은 빨대 제거 및 패키지 변경 등을 통해 연간 온실가스 배출량을 342톤가량 저감할 수 있을 것으로 추산한다.

타이벡(Tyvek)*을 활용한 친환경 보랭백 '소마일백'

매일유업은 2021년 6월 5일 환경의 날을 맞이해 친환경 신소재인 타이벡을 활용한 친환경 보랭백 '소마일백'을 출시했다. 타이벡은 외부의 찬공기 침투를 막고 내부의 따뜻한

빨대를 제거한 '매일우유 빨대뺐소'.

---

*타이벡(Tyvek) - 미국 듀폰(Dupont)사가 개발한 합성 고밀도 폴리에틸렌(HDPE) 섬유로 환경호르몬이 검출되지 않고 재활용이 가능하며, 땅에 묻어도 유해 물질을 방출하지 않는 무독성 친환경 신소재이다.

ECO PICK

1. 2020년 매일유업이 제작한 친환경 장바구니.
2. 2021년 친환경 신소재 타이벡을 활용해 만든 매일유업의 보랭 백 '소마일백'.
3. 매일유업은 우유를 대체할 수 있는 식물성 음료 '어메이징 오트'를 출시했다.

THE NEXT ECO

point.

친환경 소비를 위해 적극적으로 움직이는 그린슈머(greensumer)들의 요구에 '손 글씨'로 대답해 진심을 다하는 모습을 보이고 이를 제품 출시에 빠르게 반영해 소비자와 소통하는 브랜드라는 이미지를 얻었다.

공기가 밖으로 방출되는 것을 막기 때문에 보온재 또는 단열재로서도 기능한다.

매일유업의 소마일백은 2020년 7월 세계 일회용 비닐 봉투 없는 날을 맞아 제작한 친환경 장바구니에 이은 것으로, 2021년 신축년을 상징하는 소 캐릭터를 입혔다. 매일유업은 사내 임직원에게도 친환경 장바구니를 나눠주는 등 환경문제에 대한 관심을 고취했다. 매일 구매해 사용해야 하는 식품의 제조와 판매를 업으로 하는 만큼 전 직원이 앞장서자는 취지다.

'오트'로 식물성 음료 시장 공략

매일유업은 출산율 저하에 따른 유제품 시장의 어려움을 극복하기 위해 우유 제품을 대체할 수 있는 제품군 출시를 강화하고 있다. 그중 하나가 식물성 음료 시장. 친환경·비건 트렌드에 맞춰 오트(귀리)를 사용한 식물성 음료 '어메이징 오트'를 선보였다. 어메이징 오트는 한국비건인증원의 비건 인증을 받은 제품이다. 청정 핀란드산 오트를 원물 상태로 수입해 맷돌 방식으로 껍질째 세 번 갈아 부드럽고 고소한 맛이 특징이다. 오트는 재배 시 물과 토지 사용량이 적어 친환경 작물로도 알려져 있다.

이러한 가치를 극대화하기 위해 종이 팩과 종이 빨대를 사용했다. 이처럼 매일유업은 먹는 사람 뿐만 아니라 지구의 건강도 고려한다. 특히 전용 쇼핑백은 설탕 생산 공정에서 생기는 부산물을 활용한 '어스팩(earth pact)' 소재로, 어스팩은 나무를 베는 대신 사탕수수를 업사이클링해 땅에 묻으면 미생물에 의해 생분해되는 친환경 종이를 말한다.

종이에 담긴
코카콜라

1988년 아르헨티나에서 탄생한 음료 아데스(Ades)는 '씨앗에서 비롯된 음식(alimento de semilla)'라는 뜻으로 아몬드 열매 음료, 남미식 두유를 말한다. 코카콜라는 아데스가 비건 음료인 만큼 그 취지에 발맞춰 친환경 음료 포장재를 선보였다. 코카콜라헝가리에서 론칭한 종이병에 담긴 아데스는 덴마크의 종이 용기 개발 회사 '파보코(Paboco)'와 협력해 얇은 플라스틱 라이너가 포함된 초강력 종이 껍질로 제작했다. 종이 껍질은 액체, 이산화탄소, 산소 등에 저항 가능한 바이오 기반 소재로 이뤄져 100% 재활용할 수 있는 용기이다. 이에 코카콜라는 "최종 목표는 플라스틱을 완전히 사용하지 않는 종이병을 개발하는 것"이라며 친환경 행보에 동참할 것임을 밝혔다.

point
'플라스틱 오염 유발 회사'라는 지탄을 받고 있으나 기업이 환경오염에 대한 죄책감을 갖고 있으며, 이를 해결하기 위해 노력 중이라는 것을 각종 미션을 통해 보여준다.

스웨덴에서 온 비건 우유
오틀리

오틀리는 비건 문화의 확산과 더불어 스웨덴뿐 아니라 전 세계로 확장하고 있는 귀리 음료 브랜드다. 오틀리는 제품 패키지 또는 옥외 광고판에 "이봐 식품 회사, 온실가스 배출량을 보여줘(Hey food industry, show us your numbers)"라는 메시지를 담아 다른 식품 회사에도 온실가스 배출량을 줄일 것을 촉구한다. 오틀리에 따르면, 귀리 우유 1L를 마시면 일반 우유 대비 온실가스 배출량이 80% 감소하고, 토지 사용량은 79%, 에너지 소비는 60% 줄어든다. 오틀리의 귀리 우유엔 유당, 대두, 동물성 지방이 포함돼 있지 않아 유당 알레르기로 우유를 섭취하기 어렵거나, 대두 알레르기가 있거나, 비건인 사람들에게 큰 호응을 얻고 있다.

point
'비건 유제품'이라는 블루오션 시장에 정착해 브랜드 인지도를 높였으며, 여기에 위트 있는 광고 슬로건으로 소비자의 시선을 사로잡았다.

우유 없이 만든 비건 체더치즈
언리미트

언리미트는 'unlimited'와 'meat'의 합성어로, 외형과 조리 및 미식에 제한이 없는 고기라는 뜻이다. 식물성 대체육을 개발하는 브랜드로서 언리미트가 출시한 비건 체더치즈는 유제품 대신 찰옥수수 전분, 쌀 단백, 코코넛 오일, 파프리카 등 100% 식물성 원재료로 제조하고, 천연 파프리카 색소를 사용해 체더치즈 본연의 색을 구현했다. 만드는 과정에서도 동물실험을 하거나 동물의 노동력을 착취해 만든 재료는 배제한다. 기존 비건 치즈는 우유로 만든 체더치즈와 달리 칼슘 성분이 들어있지 않은데, 언리미트의 비건 체더치즈는 1일 섭취량의 48% 정도 되는 칼슘을 함유해 영양까지 잡았다.

point
치즈와 흡사한 외형을 만들어 소비자로 하여금 대체 치즈에 대한 거부감을 없앴다. 기존의 비건 치즈와 달리, 칼슘이 함유된 치즈를 개발하는 데 성공했다.

식물성 달걀 국내 상륙
SPC삼립

SPC삼립은 '이트 저스트(Eat Just)'와 전략적 파트너십을 맺고 액상 형태의 '저스트 에그(JUST Egg)'를 국내에서 직접 생산 및 독점 유통하기 시작했다. 저스트 에그는 미국의 식물성 기반 대체 식품 기업 이트 저스트가 개발한 제품으로, 녹두에서 추출한 단백질에 강황을 더해 달걀의 식감과 색을 냈다. 저스트 에그는 일반 달걀보다 가격이 저렴하지만 포화지방은 66% 낮고, 단백질 함유량은 22%나 높다. 콜레스테롤은 아예 없다. 생산 비용도 일반 양계를 통해 달걀을 얻는 것보다 현저히 낮다. 여기에 비유전자 변형 식품(Non-GMO) 인증을 받는 등 친환경에 초점을 뒀다. 2019년 처음 출시한 이후 현재까지 1억6,000만 개 이상을 판매해 그 인기를 증명하고 있다.

point
미래 식품 사업이라 할 수 있는 비건 식재료의 필요성을 깨닫고, 이를 파트너십을 통해 빠르게 구현했다.

국내 최초 비건 아이스크림
나뚜루

2020년 5월 첫선을 보인 나뚜루 비건 아이스크림은 출시 5개월 만에 판매고 20만 개를 기록하며 국내 비건 아이스크림 시장의 성장 가능성을 보여줬다. 나뚜루 비건 아이스크림은 순식물성 원료만 사용해 한국비건인증원의 동물성 DNA 검사를 통과, 비건 인증을 획득했다. 우유나 달걀 대신 코코넛 밀크, 캐슈너트 페이스트, 천연 구아검 등 100% 순식물성 원료를 사용해 일반 아이스크림과 같은 식감과 맛을 구현해냈다. 또 나뚜루는 파인트 제품의 플라스틱 뚜껑을 종이 재질로 바꾸고, 바 제품의 필름 코팅을 제거해 친환경 패키지를 적용해 친환경 콘셉트를 강조했다. 롯데제과는 향후 새로운 비건 아이스크림을 지속 출시하며 시장을 선도할 계획이다.

point
인지도 높은 브랜드가 친환경과 비건에 선제적 행보를 보임으로써 소비자의 새로운 관심을 끌었다. 더불어 '나뚜루(Nàtuur)'의 어원 '자연(nature)'에 한층 더 부합하는 회사라는 이미지를 얻었다.

세계 1위 아이스크림의 품격
벤앤제리스

세계 파인트 아이스크림 1위 벤앤제리스는 1980년대부터 지속 가능한 제품 생산방식과 공급자, 농부, 가맹점부터 고객에 이르기까지 브랜드와 관련 있는 모든 사람을 위한 공동의 가치를 추구한다. 제품 생산이 환경에 미치는 영향을 최소화하기 위해 제조 시설 내 탄소 절감 프로그램을 도입하는 등 온실가스 배출 감소에 앞장서고 있다. 벤앤제리스의 배달 전문 매장에서 사용하는 파인트 컵은 산림인증제도(FSC)의 인증을 받은 제지로 만들었다. 생분해성 코팅이 완료된 컵만을 사용하고, 빨대와 스푼, 냅킨 역시 나무 또는 종이 재질로 만든다. 포장, 배달 시에도 재활용 펄프 소재 크라프트 종이 백을 사용한다.

point
식품 제조 과정에서부터 탄소 절감을 실행하고 있으며 식기와 포장, 휴지, 스푼에도 친환경 재료를 사용해 눈길을 끈다.

버려지는 식재료가 없도록
샘표 연두

연두는 콩 발효액을 기반으로 한 세계 최초 100% 순식물성 에센스로, 국내외 소비자들에게 널리 사랑받고 있다. 콩 발효액에 표고버섯·마늘·양배추 등 8가지 채소를 우린 물을 넣어 채소 본연의 맛을 살리고, 깊은 감칠맛을 더한다. 특히 '클린 라벨'(유기농, 비유전자 변형 식품, 글루텐 프리, 자연 발효, 무합성 첨가물) 조건을 충족하고 맛이 훌륭하다는 면에서 혁신성을 인정받아 2018 애너하임 국제 자연식품박람회에서 890여 개 후보 제품을 제치고 '올해의 혁신적인 제품상'을 수상했다. 또한 샘표는 연두를 활용해 〈채소 집밥 레시피 북〉을 선보였는데, 버려지는 음식 재료를 최소화하는 친환경 레시피로 누구나 쉽고 맛있고 건강하게 채식을 즐길 수 있다.

point

선도적인 시장 분석을 통해
'식물성 조미료'라는 새 범주를 창출했다.
제품과 연관 있는 '요리'를 매개로 이용해
부가 상품인 레시피 북을 출간했다.

대체육의 한계를 넘어선
농심 베지가든

농심이 대체육 브랜드 '베지가든(Veggie Garden)' 사업에 박차를 가하고 있다. 농심은 그간 라면의 별첨 수프에 사용하는 대두단백과 수출용 비건 라면 수프를 제조하며 비건 푸드 개발 연구에 힘써왔다. 특히, 독자적으로 개발한 'HMMA(High Moisture Meat Analogue, 고수분 대체육 제조 기술)' 공법을 사용해 실제 고기와 유사한 맛과 식감은 물론, 고기 특유의 육즙까지 그대로 구현해냈다. 베지가든은 이 식물성 대체육 제조 기술을 가정 간편식에 접목한 브랜드로, 국내 식품 기업 중 가장 폭넓은 제품군을 갖췄다. 대체육은 물론, 조리 냉동식품과 즉석 편의식, 샐러드 소스, 양념, 식물성 치즈, 만두 등 30여 개에 달한다.

point

대체육 시장 선점을 위한
국내외 기업의 경쟁이 치열한 가운데,
농심은 독자 개발한 공법으로 경쟁력을 갖추는 등
차별화 전략을 추구한다.

포장재 혁신을 일으킨
마켓컬리
보랭 종이 박스에 이어 재사용 가능한 보랭 백 자체 개발

새벽 배송이 일상화되고 가치 소비를 중시하는 소비자들로 인해 배송 서비스의 트렌드가 '친환경'으로 바뀌어가고 있다. 2014년 설립된 마켓컬리는 이듬해 첫 서비스를 시작할 때부터 고객의 의견을 바탕으로 끊임없이 포장재를 개선해왔다. 종이 박스에 이은 보랭 백까지, 마켓컬리는 여전히 식품을 안전하고 위생적으로 담을 수 있는 친환경적 포장재 개발에 몰두하고 있다.

자체 개발한 보랭 포장용 종이 박스

배송 경쟁력으로 고속 성장을 거듭해온 마켓컬리는 배송 건수가 증가할수록 플라스틱, 스티로폼, 비닐 포장재 사용을 줄여야 한다는 고민을 해왔다. 이에 2017년 냉장 스티로폼 박스를 은박 비닐 종이 박스로 바꾸고, 2019년에는 은박 비닐 종이 박스를 자체 개발한 재생지 박스로 변경하는 등 지속적인 포장재 개선을 진행했다. 마켓컬리가 개발한 포장용 종이 박스는 본체 종이 박스 안에 골판지 박스를 결합하는 이중 포장 방식으로 보랭력을 갖췄다. 본체와 골판지 박스 사이에 형성되는 공기층에 아이스팩, 드라이아이스 등에서 발생하는 냉기를 머물게 해 보랭력을 지속하는 구조로, 약 4만 회에 달하는 테스트를 통해 영하 18℃ 상태를 14시간 이상 유지할 수 있다. 별도로 분리하지 않고 바로 재활용할 수 있는 특수 코팅을 적용한 것도 특징이다.

종이로만 포장하는 올 페이퍼 챌린지

2019년부터 마켓컬리는 모든 포장재를 100% 재활용 가능한 종이 포장재로 변경하는 친환경 프로젝트, '올 페이퍼 챌린지'를 진행하고 있다. 상품의 파손을 막기 위해 사용하던 비닐 충전재 및 비닐 포장도 종이로 변경했다. 박스 테이프도 비닐이 아닌 종이 테이프로 바꾸고, 아이스팩도 파손 테스트를 통해 안정성을 높인 100% 워터 팩으로 교체했

마켓컬리가 종이와 골판지를 결합해 개발한 보랭력을 갖춘 포장용 재생지 박스.

ECO PICK

1. 모든 포장재를 100% 재활용 가능한 종이로 변경하는 마켓컬리의 '올 페이퍼 챌린지'.
2. 마켓컬리는 재사용이 가능한 보랭 백, '컬리 퍼플 박스'를 개발했다.
3. 컬리 퍼플 박스를 문밖에 내놓으면 마켓컬리에서 주문한 신선 식품을 담아준다.

THE NEXT ECO

3

point.

마켓컬리는 종이 포장재 도입 후,
과대 포장에 대한 고객들의 의견에 귀를 기울여
포장재 규격을 다양화해 과대 포장을 줄이고,
재사용 가능한 보랭 백을 선보이는 등
친환경 행보를 이어가고 있다.

다. 그뿐만 아니라 포장재 수거 서비스를 통해 이물이 묻지 않고 송장이 제거된 상태로 박스를 내놓을 경우, 다음 배송 시 박스 세 개까지 회수해 폐지 재활용업체에 판매한다. 이때 얻은 수익금은 교실 숲을 조성하는 프로젝트에 사용한다. 올 페이퍼 프로젝트를 시작할 당시 마켓컬리는 포장재 혁신으로 1년간 스티로폼 2,130톤, 비닐 750톤의 절감 효과를 볼 수 있을 것으로 예상했지만 실제 결과는 그 수치를 훨씬 뛰어넘었다. 총 4,831톤이나 감소해 예상 대비 68% 이상을 절감한 것이다.

재사용 가능한 보랭 백, 컬리 퍼플 박스

마켓컬리의 포장재 개발은 계속돼 2021년에는 1년 8개월의 연구 끝에 보라색 대형 보랭 백인 '컬리 퍼플 박스'를 출시했다. 컬리 퍼플 박스는 가로 45cm, 세로 30cm, 높이 35cm로 약 47L를 담을 수 있는 대용량 박스이지만, 무게는 135g에 불과하다. 상온 28°C 기준으로 냉장 제품은 약 12시간 동안 10°C를, 냉동 제품은 약 11시간 동안 -18°C를 유지할 수 있다. 마모 테스트는 500회 이상, 문지름 테스트는 5만 회 이상 견뎌 안정성도 갖췄다. 마켓컬리는 컬리 퍼플 박스 도입으로 1년간 약 1,168만 개의 종이 포장재 절감 효과가 있을 것으로 예상한다. 이는 30년 수령의 나무 약 12만 그루, 여의도 면적 크기의 숲을 보호하는 효과다. 또한 컬리 퍼플 박스는 접이식 구조로 보관이 용이하고 세척도 간편해 보랭력은 물론 이용 편의성까지 고루 갖춰 고객의 마음을 사로잡는다. 컬리 퍼플 박스가 아니어도 소비자가 갖고 있는 보랭 백을 문밖에 내놓으면 종이 상자 대신 그 안에 신선 식품을 담아준다. 이는 소비자들에게 친환경 배송을 실천할 수 있는 선택지를 제공하고자 하는 마켓컬리의 마음이다.

우리 집 앞에서 픽업하는
샐러드윅스

샐러드윅스는 샐러드 픽업 구독 플랫폼으로, 소비자가 홈페이지에서 신청을 한 뒤 집 근처 가게에서 신선한 샐러드를 찾아가는 방식의 서비스를 운영한다. 선주문 시스템으로 유통 거리가 줄어들어 소비자는 시중 판매가보다 40% 저렴하게 샐러드를 구매할 수 있다. 또한 불필요한 일회용 쓰레기 배출을 없애기 위해 소비자가 일정한 보증금을 지불하고 다회용기를 반납해가면서 이용하는 '에코 키트' 서비스를 제공한다. 이용자의 90% 정도가 에코 키트를 사용해 일회용품 배출 줄이기에 일조하고 있다.

point
환경에 대한 죄책감 없이 신선한 샐러드를 저렴하게 구독할 수 있다는 게 큰 강점이다. 요일을 자유롭게 지정하고 구독 기간도 주 단위로 짧게 설정할 수 있어 편리하다.

친환경 못난이 채소 박스
어글리어스 마켓

어글리어스 마켓은 못생겨서 버려지는 친환경 채소와 과일을 저렴한 가격에 판매하고 정기 배송하는 플랫폼이다. 못난이 농산물이 버려지는 건 우리나라뿐만이 아니다. 유엔 식량농업기구(FAO)에 따르면 상품성이 떨어져 폐기 처분되는 농산물이 2019년 기준 매년 13억 톤으로, 전 세계 음식물 소비량의 3분의 1 수준이라고 한다. 어글리어스 마켓은 품질에는 이상이 없지만 모양이나 중량, 과잉 생산 등의 이유로 판로를 잃은 친환경 농산물에 제 가치를 찾아주고 음식물 쓰레기 줄이기에 앞장서고 있다. 시중의 친환경 농산물 대비 10~30% 저렴하게 판매하고, 정기 구독 시엔 채소 박스를 이용해 요리할 수 있는 레시피를 제공해 소비자들의 호응을 얻고 있다.

point
일명 '파치'라고 불리며 시장성을 인정받지 못해 쓰레기로 버려지는 농산물에 판로를 열었다. '못생겨도 괜찮다'는 재미난 슬로건과 직접 들기 무거운 과일 소비에 배달 유통을 도입해 편의성을 높였다.

미래의 단백질
더플랜잇

더플랜잇은 '지구를 위해서 식물을 먹자'는 슬로건을 내세우며 육류의 과소비를 줄이고 환경과 인류 건강을 위해 식물성 식품 섭취를 장려하는 푸드 테크 기업이다. 식품 분자 수준 데이터 기반 예측 분석을 토대로, 식물 기반 대체 원료를 개발·제조하는 핵심 기술을 보유하고 있다. 더플랜잇은 육류를 대체하는 식물성 식품 기술 개발을 통해 가축을 키울 때 발생하는 탄소 배출량을 줄이고, 지속 가능한 지구환경을 만들기 위해 노력한다. 동물성 단백질을 대체할 공급원을 개발하기 위한 글로벌 경진 대회인 '엑스프라이즈 미래의 단백질 개발(XPRIZE Feed the Next Billion)'에서 준결승에 진출하며 그 가능성을 입증했다.

point
더플랜잇의 식물 기반 대체육은
많은 사람에게 보다 낮은 비용으로
단백질을 제공할 수 있는 것이 장점이다.

국내 최초 푸드 업사이클 회사
리하베스트

리하베스트는 식품 제조 공정에서 발생하는 부산물을 업사이클링해 대체 원료를 생산하고 있다. 대표 제품인 리너지 가루는 대체 밀가루로 식혜와 맥주 제조 공정에서 맥아를 짜고 난 후의 보리 부산물을 당일 수거한 다음 살균, 건조, 분쇄 과정을 거쳐 생산한 보리 혼합물 가루를 말한다. 보리 부산물에는 완제품 못지않은 영양소가 있는데, 리너지 가루는 일반 밀가루보다 단백질은 약 1.4배, 식이섬유는 약 18배 많이 함유하고 있다. 리하베스트는 이 리너지 가루를 협력 회사에 공급해 다양한 제품을 생산한다. 대표적으로, 오비맥주와 활발히 협업해 '리너지바'와 '리너지 그래놀라'를 비롯한 다양한 제품을 개발·출시하고 있다.

point
오랜 연구와 개발을 통해 푸드 업사이클이라는
생경한 분야에서 성공을 거두고,
대기업과의 협업으로 수월한 원재료 수급과
브랜드 인지도 상승이라는 이점을 얻었다.

더 나은 세상을 위한 도전
맥도날드

글로벌 외식 브랜드가 세계에 던진 화두

맥도날드는 글로벌 외식업계 최초로 2030년까지 온실가스 배출량을 1.5톤 줄이겠다고 공표했다. '빠르고 간편하다'는 브랜드 이미지 때문에 고개를 갸웃할 수도 있지만, 이들의 발걸음은 이미 저만치 앞서가고 있다.

2030을 향해

2021년 3월 맥도날드는 전 세계 소비자에게 글로벌 캠페인 '스케일 포 굿(Scale for Good)'을 공표했다. 이 캠페인은 세계 사회·환경문제 해결에 기여하기 위한 것으로 2030년도까지 온실가스 배출량을 2015년 대비 36% 감축하겠다는 목표를 세웠다. 이를 위해 맥도날드는 앞으로 전 세계 레스토랑과 사무실, 원재료 공급과 유통 과정에서 발생하는 온실가스를 줄이기로 했다. 그 방법에는 레스토랑에 친환경 LED 조명 설치, 태양광발전 매장 운영, 맥도날드 전용 배달 서비스에 친환경 오토바이 도입, 더불어 레스토랑에서 사용하고 난 폐식용유를 친환경 바이오디젤 원료로 제공하는 것 등이 있다.

당장의 실천

이미 몇몇 매장에서는 이러한 미션을 실행 중이다. 한국에서는 전국 매장에 LED 조명을 달았으며, 부산과 제주 지역 5곳에서 태양광 레스토랑을 시범 운영하고 있다. 여기에 2019년 5월부터는 맥도날드의 대표 디저트 메뉴 '맥플러리' 용기에 플라스틱 뚜껑을 없앴다. 플라스틱이 있던 기존 포장 대신 종이 리드 형태의 신규 용기에 제품 서비스를 시작한 것이다.

용기 교체 후 1년이 지난 2020년 5월 맥도날드는 맥플러리 판매량과 플라스틱 뚜껑의 무게를 환산했다. 무게는 무려 14톤. 단일 품목임에도 플라스틱 사용 저감 효과는 상당했다.

맥도날드 친환경 전기 바이크.

ECO PICK

1. 맥도날드 고양삼송DT점은 태양열 집열판 및 LED 조명, 친환경 디지털 메뉴보드 등 다양한 친환경 요소와 첨단 시스템을 반영했다.
2. 고양삼송DT점 맥드라이브에 설치된 불필요한 종이 낭비가 없는 친환경 디지털 메뉴 보드.
3. 환경 친화적 플래그십 스토어 고양삼송DT점의 대기전력 콘센트.

point. 1

캠페인 안에 완료 시점과 방안 등
구체적인 목표를 내세를 소비자들에게
신뢰를 얻는다.

point. 2

친환경 플래그십 스토어를 구축,
다방면으로 기술력과 실행력을 선보이며
브랜드 가치를 높인다.

친환경 노력의 집약 '고양삼송DT'점

2020년 8월 18일, 경기도 고양시에 문을 연 고양삼송DT점은 여느 맥도날드 지점과 다르다. 앞서 언급한 스케일 포 굿과 더불어 '더 나은 세상을 위한 작지만 큰 변화'라는 브랜드 슬로건에 맞춰 매장을 꾸민 것. 이를 면밀히 살펴보면 우선 자연 친화 자재로 만든 천장, 대기 전력 콘센트 적용, 친환경 전기 바이크 도입, 여기에 옥상과 가로등에 설치한 태양열 집열판과 디지털 메뉴 보드까지 다양하다. 아울러 전기차 충전 시설 확충 계획도 갖고 있어 이목을 끈다. 그야말로 맥도날드가 수년간 쌓아온 노력을 이곳에 응축한 셈이다. 이 매장은 맥도날드는 물론 외식업계의 표본이 될 친환경 모델로 이미 여러 분야에서 주목받고 있다.

4. 맥도날드는 사용 중인 50여 종 종이 포장재를 국제산림관리협의회(FSC)의 인증을 받은 친환경 재질로 교체했다.
5. 불필요한 종이 낭비가 없는 친환경 디지털 메뉴 보드.

그린 모빌리티
현대자동차

탄소 중립을 향한 확실한 여정

현대자동차가 여러 플랫폼을 통해 외치고 있는 환경 캠페인은 먼 미래의 일이 아니다. '과연 이루어질 수 있을까?' 하는 의구심이 무색하게 실질적인 해결방안을 모색하고 있으며 전기차, 수소차, 전기 충전소의 완전한 상용화까지 이뤄냈다. 탄소 중립, 그린 모빌리티로 가는 현대차의 여정이 더 기대되는 이유다.

UN과 약속한 그린 모빌리티

2020년 9월 현대자동차는 UNDP(UN Development Programme, 유엔개발계획)와의 업무 협약을 통해 교통, 주거, 환경 등 글로벌 사회가 직면한 문제를 해결하는 데 동참하기로 했다. 그 첫 번째 프로젝트 'For Tomorrow'는 '지속 가능한 도시와 커뮤니티 조성'이라는 UN의 17가지 '지속 가능한 개발 목표' 중 하나로 태양광 가로등 설치, 그린 에너지 모빌리티(낙후된 전기 버스에 고효율 배터리 설치 지원), 리얼 아이스(북극 얼음을 다시 얼릴 수 있도록 고안한 기술) 등 3가지 솔루션을 공개했다. 이 솔루션은 누구나 온라인으로 지속 가능한 미래에 대한 아이디어를 제안하고 투표와 의견을 자유롭게 주고받을 수 있도록 했다는 점에서 의미가 깊다.

전동화를 향한 움직임

1991년 최초 전기차 '소나타 EV'를 시작으로 2016년 3가지 버전의 하이브리드 '아이오닉'을 개발, 2019년 순수 전기차 '코나'를 선보였다. 그리고 2021년에는 '아이오닉 5'를 출시하며 전기차 시대의 새로운 역사를 열었다. 현대차는 전동화라는 흐름에 맞춰 단순 차량이 아닌 모빌리티 생태계 자체를 완전히 바꾸고 있다.

여기에 국내 최대 규모의 전기차 충전소 '현대 EV 스테이션 강동'을 구축해 현대차뿐 아니라 타사 전기차 고객에게도 이를 개방하고 있다. 국내 전기차 시장 활성화와 세계 최고 수준의 전기차 기술 개발과 보급 인프라 확충에 앞장서고 있는 것이다.

현대자동차는 7년 연속 글로벌 브랜드로 선정됐다.

ECO PICK

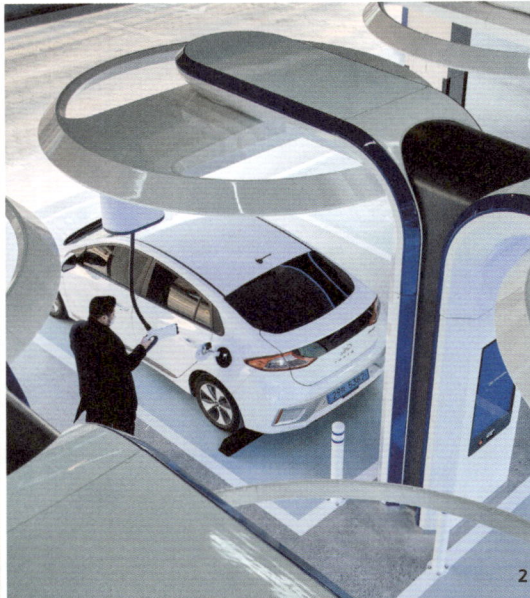

1. 세계 최초의 수소전기 트럭 엑시언트.
2. 현대 EV스테이션 개소.
3. 현대 전기수소차 트럭.
4. 세계 환경의 날 맞아 수소에너지 주제의 다큐멘터리 공개.
5. 방탄과 함께하는 친환경 캠페인.

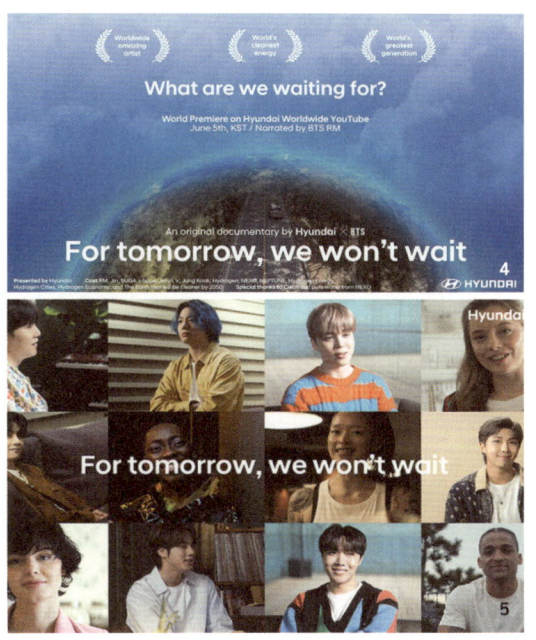

point. 1
UN 17가지 업무 협약에 동참해
지속 가능한 개발을 목표로 움직이고 있다.

point. 2
지구환경을 생각하는 차종을 시장에 내고,
다양한 글로벌 캠페인을 선보이며
세계적 친환경 기업으로 발돋움하고 있다.

대형 수소전기트럭의 등장

더불어 2021년 5월에는 자동차의 전동화를 너머 수소연료전지의 기술력을 보여주는 대형 수소전기트럭까지 출시했다. 대형 수소전기트럭은 현대차가 세계 최초로 양산한 것으로 2020년 7월부터 선적해 지금까지 총 46대를 스위스에 수출했다. 엑시언트라는 이름의 수소전기트럭은 주행 중 이산화탄소 배출이 전혀 없어 동급 디젤트럭이 1km당 0.63kg의 이산화탄소를 배출한다고 가정했을 때 지난 10개월간 스위스 전역에서 약 473톤 이상의 이산화탄소를 저감한 셈이다. 이에 대해 현대차 장재훈 사장은 "엑시언트는 현대차가 20년 넘게 수소연료전지 분야에서 쌓아온 기술 노하우가 집약된 결과물이며, 고객사들과 함께 친환경 수소 사회를 향한 비전을 앞당기고 있다"고 밝혔다. 이 차종은 2021년까지 140대, 2025년까지는 총 1,600대를 스위스에 공급할 계획이며, 다른 여러 국가에도 판로를 개척하고 있다.

종류	전기차			수소차
모델	IONIQ 5	POTER II Electric	POTER II Electric Special Vehicle	NEXO
가격	4,695만 원 ~	4,060만 원 ~	4,380만 원 ~	6,765만 원 ~
연비	5.1km/kWh	3.1km/kWh	2.7km/kWh	96.2 km/kg
승차 정원(명)	5	3	5	5
출시년도	2021	2019	2021	2018

지속 가능한 장난감을 꿈꾸는
레고

"우리는 좋은 장난감이 결코 쓰레기가 되지 않아야 한다고 믿는다"

덴마크의 장난감 회사 레고는 여전히 전 세계적으로 잘 팔리고 사랑받는다. 2021년 상반기 매출은 전년 동기 대비 46% 증가했다. 하지만 레고 판매 실적이 증가했다는 건 플라스틱인 레고 블록의 사용이 그만큼 늘었다는 얘기도 된다. 환경 이슈가 대두되면서 레고의 플라스틱 블록에 우려와 반감을 갖는 소비자도 늘어나고 있다. 레고도 대안을 내놓았다. 지난 2015년 6월 성명을 통해 "2030년까지 주요 제품 및 포장재에 지속 가능한 소재를 사용할 것"이라 발표하고, 자체 연구소를 설립해 총 1억5,000만 달러의 대규모 프로젝트를 시작했다.

지속 가능한 블록의 첫 결실, 사탕수수 블록

레고는 2018년 사탕수수를 이용한 바이오 플라스틱* 블록을 제작하는 데 성공했다. 이 친환경 블록은 레고가 역사상 처음 선보인 지속 가능한 소재이다. 사탕수수를 원료로 만들어 부드럽고 유연하지만 단단한 내구성을 갖춰 기존 플라스틱 제품을 대체할 수 있으며, 이전 블록과도 완벽하게 호환된다. 잎사귀, 수풀, 나무 등 다양한 식물 형태로 구성이 가능하며, 이는 현재 사용 중인 약 3,600개의 2%인 80개 정도의 요소에 해당한다. 사탕수수 원료의 블록은 지속 가능한 제품을 만들겠다는 레고의 첫 단계 여정을 통과한 것으로 앞으로도 식물과 재활용 소스 등을 활용해 다양한 원료의 블록을 만들어갈 예정이다.

플라스틱병으로 만든 레고 블록

레고는 2021년 재생 플라스틱으로 만든 '지속 가능 블록' 시제품을 최초로 공개했다. 이번 시제품은 버려진 페트병에서 추출한 플라스틱이 원료인데, 평균적으로 1L 페트병의 경우 약 10개의 2X4 레고 블록으로 재탄생할 수 있다. 지난 3년간 레고와 재료 과학자 및 엔지니어들이 지속 가능한 소재 개발을 위해 250가지 넘는 페트 플라스틱과 수백 가지 플라스틱 대체제로 실험을 거듭한 결과물이다. 재활용 페트 플라스틱 소재와 강화제를 결합해 강도와 내구성을 높여주는 맞춤형 복합 기술을 사용했으며, 이 핵심 기술을 현재 특허 출원 중이다. 레고는 이번 시제품을 바탕으로 시험 생산 단계에 이르기까지는 최소 1년이 소요될 것으로 예상하고 있다.

사탕수수를 이용한, 레고의 식물성 바이오 플라스틱 블록.

---

*바이오 플라스틱 - 석유가 아닌 옥수수·사탕수수 등 재생 가능한 원재료로 만드는 플라스틱.

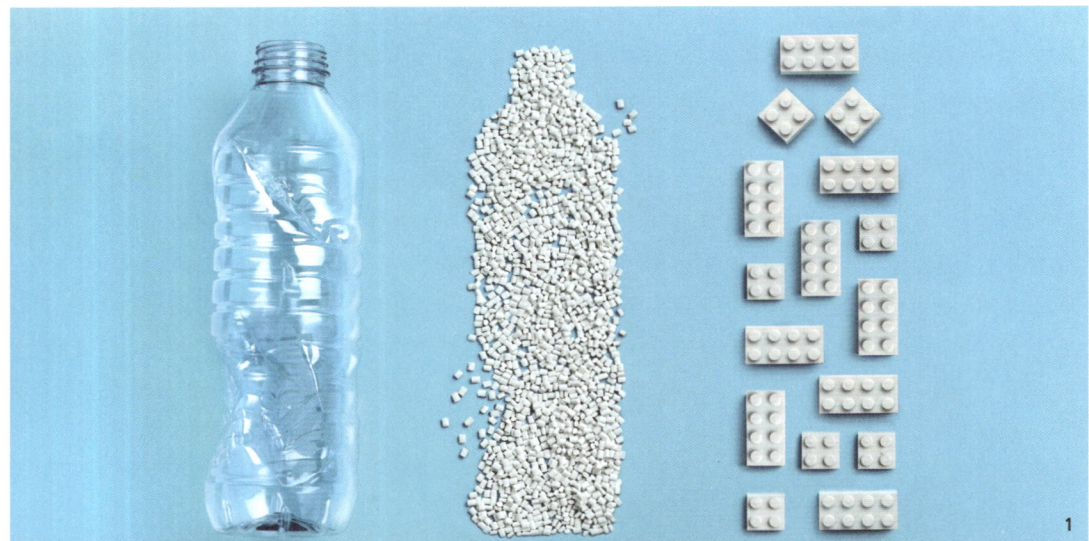

1. 레고 '보태니컬 컬렉션'은 사탕수수로 만든 지속 가능한 블록이다.
2. 레고는 폐페트병에서 추출한 재생 플라스틱으로 만든 '지속 가능 블록'의 시제품을 공개했다.
3. 레고는 '레고 아이디어 트리 하우스'에 지속 가능한 소재 기술을 적용했다.

point. 1
지속 가능한 친환경 소재의
레고 블록을 개발하고 있다.

point. 2
종이 포장재 도입과 재활용,
기부를 통한 캠페인으로 환경문제 개선에 힘쓴다.

버려지는 포장재는 종이로 바꾼다

레고 블록 자체는 오래 보관하거나 재사용하는 사람이 많지만, 포장재나 상자는 쉽게 버려진다. 현재 레고 상자를 만드는 데 사용하는 골판지의 약 75%는 재활용 소재다. 레고는 2025년까지 모든 제품의 포장재를 이렇게 지속 가능하고 재활용 가능한 소재로 교체할 예정이다. 2020년부터 전 세계 레고 스토어에서 사용하는 일회용 비닐 봉투를 사용을 단계적으로 없애고 재활용 가능한 종이 봉투로 대체하고 있다. 더불어 포장재 재활용을 촉진하기 위해 재활용과 폐기 등에 대한 명확한 지침도 제공하는데, '하우투리사이클(How2Recycle)'이란 라벨을 부착해 소비자에게 올바른 처리 방법을 알려준다.

추억을 물려주는, 레고 리플레이

레고는 미국과 캐나다에서 오래된 레고 블록을 기부할 수 있는 '레고 리플레이' 프로그램을 시행하고 있다. 레고는 중고 제품이어도 블록의 품질과 안전은 그대로 유지된다는 장점을 살렸다. 고객들에게 기부받은 레고는 깨끗하게 세척한 다음 전국 각지의 방과후 교실로 전달한다. 아울러 레고는 이를 통해 8,050상자 분량의 블록을 재사용했다. 레고 리플레이는 현재 두 나라에서만 시행 중이지만 점차 대상 국가를 확대해 나갈 예정이다.

재생 가능한 에너지 사용 확대

레고는 재생 가능한 에너지 사용에도 신경 쓰고 있다. 많은 에너지를 사용하는 공정을 혁신해 2022년까지 탄소 중립을 달성할 예정이다. 모든 사업장에 신재생에너지를 도입하고 모든 공장에 태양광 패널을 설치할 계획이다. 레고 블록 공정 효율성을 높이는 새로운 시스템 등 에너지 사용 개선을 위한 추가적인 투자도 이뤄진다. 제로 폐기물 관련 계획도 수립했다. 레고는 2025년까지 공장과 사무실, 또는 매장의 매립 폐기물을 0%로 만들 계획이다.

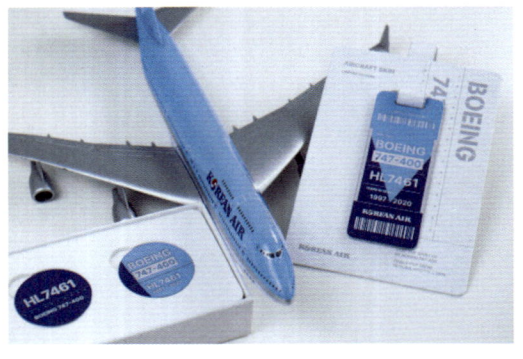

은퇴 항공기 자재로 굿즈를 만든
대한항공

'하늘의 여왕'으로 불린 보잉 747-400의 항공기 자재로 만든 네임태그와 골프 볼마커가 탄생했다. 'HL7461'은 대한항공이 글로벌 항공사로 성장하는 데 핵심 역할을 했던 보잉 747-400 여객기 중 마지막 보유 항공기로, 23년간의 운행 추억과 영광이 고스란히 담겨 있다. 친환경적 가치가 돋보이는 굿즈로, 항공기를 해체하는 과정에서 나온 자재를 활용해 제작했다. 한정 제작한 네임태그와 볼마커는 항공기 동체 표면을 잘라 만들어 가볍고 견고하며 사용 부분에 따라 색상과 디자인이 각기 다르다. 이 상품들은 대한항공 마일리지로 구매 가능하다. 앞서 대한항공은 보잉 777 항공기의 폐자재로도 네임태그를 출시해 주목받은 바 있다.

point
대한항공 굿즈에는 'B747-400' 레터링과 함께 항공기 일련번호인 HL7461이 새겨져 있다. 아울러 고유 번호가 있어 마니아층의 구매 욕구를 자극한다.

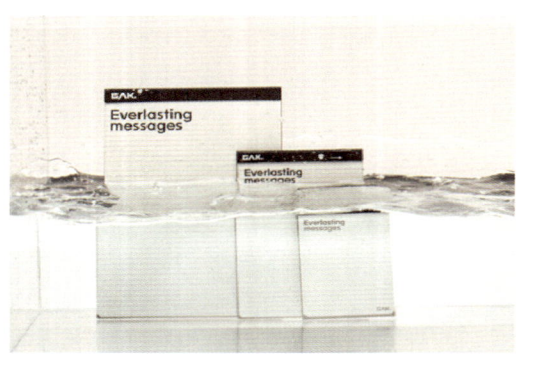

돌로 만든 신개념 방수 노트
각닷

각닷은 표지와 내지 모두 방수되는 '방탄 스프링 노트'를 개발했다. 이 노트는 자원 순환 프로젝트의 일환으로, 채석장에서 버려지는 돌가루를 사용한 미네랄 페이퍼로 만들었다. 나무를 벌목하지 않아도 되고 제작 과정에 쓰이는 물도 절약할 수 있어 탄소 배출량을 줄이고 환경 보호에 기여하는 제품이다. 특히 표지 및 내지, 뒷면의 패드가 쉽게 훼손되지 않으며 오염물은 물티슈로 닦아 제거할 수 있다. 오래도록 소중한 기록을 보관할 수 있고 다양한 사이즈에 휴대성 또한 용이해 많은 소비자들의 관심을 끌고 있다.

point
종이 원료는 플라스틱이나 비닐보다 상대적으로 환경적이지만 이 역시 많이 사용하고 버려지면 환경에 부담이 된다. 돌가루로 만든 미네랄 페이퍼는 종이를 대체할 신소재가 있다는 걸 증명한다.

책임 있는 여정
쌤소나이트

쌤소나이트는 2021년 5월 지구의 날을 맞이해 버려진 요구르트 컵과 플라스틱병을 재활용해 만든 친환경 캐리어 '매그넘 에코'를 전 세계적으로 동시에 공개했다. 매그넘 에코는 유럽에서 장기간의 R&D 프로젝트를 통해 준비한 제품으로, 캐리어 외관은 버려진 요구르트 컵을 재활용해 폴리프로필렌 입자로 잘게 분쇄한 다음 가공해 제작했다. 안감은 플라스틱 병을 활용해 개발한 '리사이클렉스(RecyclexTM)' 폴리에스터 소재를 사용했다. 기내용 사이즈에는 200개의 요구르트 컵과 7개의 플라스틱병을, 중형 사이즈에는 371개의 요구르트 컵과 10개의 플라스틱병이 사용됐다.

point
리사이클렉스는 쌤소나이트에서 파트너사와 협업해 개발한 100% 재활용 플라스틱 병으로 만들어낸 신소재로 친환경적이면서도 내구성이 뛰어나다.

식탁 위의 비건 도자기
당신의 식탁

당신의 식탁은 4대 중금속(납, 비소, 카드뮴, 수은), 인공색소, 유해 화학물질을 첨가하지 않은 비건 도자기를 만든다. 특히 소뼈를 갈아 원료로 사용하는 고급 본차이나(bone china) 도자기와 달리, 동물뼈를 사용하지 않는다. 표면에 바르는 유약도 인공색소 대신 자체 개발한 제품을 사용해 검정색과 흰색 계열만 생산하고 있다. 포장도 종이 소재를 사용하는 등 친환경성 강화에 매진하고 있다. 테이프 역시 코팅이 되지 않은 종이 테이프를 사용한다. 무엇보다 오래도록 사용할 수 있게 모든 제품에 대해 평생 무상 수선 서비스를 제공한다.

point
도자기는 불연성 폐기물로 일반 배출도 분리수거도 되지 않아 처치 곤란하다. 당신의 식탁은 이런 점에 착안해 평생 무상 서비스로 아름다우면서도 환경에 해롭지 않은 도자기를 사용하고 싶어하는 고객들의 마음을 사로잡고 있다.

자연·장애인 모두와 연대하는
동구밭

따뜻한 비누가 불러온 바람

동구밭은 발달장애인의 사회 참여와 친환경 제품을 기저에 두고 벌인 사업이다. 제품은 모두 친환경 소재 원료로 만들었으며 초창기 비누에서 시작해 현재는 설거지, 반려동물, 유아까지 다양한 라인의 제품을 생산하고 있다. 매출이 증가할 때마다 장애인을 고용해 자연과 장애인 모두와 공존하고 브랜드로 나아가고 있다.

텃밭에서 일군 동구밭

동구밭 창업자 노순호 씨는 대학생 때 참여한 사회 공헌 활동 '발달장애인과 텃밭 가꾸기'를 하다 지금의 동구밭 모델을 고안했다. 그 활동을 통해 장애인과 소통하는 삶 자체가 의미 있다고 생각했기 때문이다. 동구밭은 2017년 1월 장애인과 함께 가꾼 텃밭 채소로 친환경 '가꿈 비누'를 만들기 시작했다. 제품 연구와 제작 과정에서 동물실험을 하지 않고 동물성 원료 또한 사용하지 않는 것을 철칙으로 삼았다. 불필요한 플라스틱 역시 배제했다. 이는 장애인뿐 아니라 동물, 자연과 상생하는 일상을 만들고자 하는 동구밭의 철학이다.

뷰티에서 라이프로 진화한 비누

텃밭에서 나온 케일·상추·바질 같은 채소로 만든 친환경 비누는 세안에 집중된 상품이었으며, 동구밭 초창기만 하더라도 시장에는 이미 친환경 비누 제품이 여럿 있었다. 미세 플라스틱에 대한 사람들의 관심이 점점 고조되기 시작할 무렵인 2017년 동구밭은 '설거지 워싱바'라는 고체 설거지 비누를 출시했다.

플라스틱 용기도 필요 없고 계면활성제도 첨가하지 않은 고체 상품이기에 적당량을 사용할 수 있고 건강에도 좋다. 이런 이점 때문에 제품은 출시 석 달 만에 4만 개가 팔리며 브랜드의 인지도를 끌어올렸다.

장애인과 함께 가꾼 텃밭 채소로 만든 친환경 '가꿈 비누'.

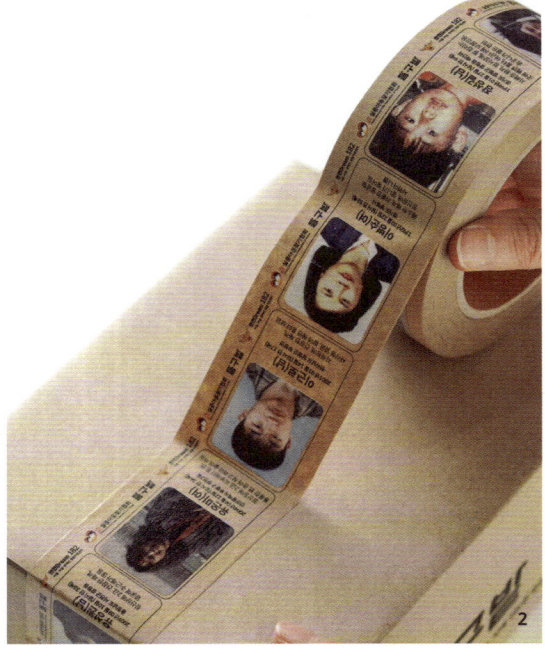

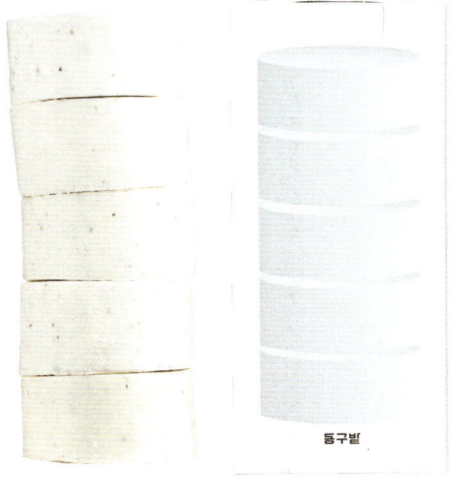

1. 멸종위기 동물 피규어를 활용해 자연보호를 생각하게 하는 '아이가꿈 비누 D.I.Y. 키트'.
2. 동구밭은 실종 장애 아동이 그려진 종이 테이프로 제품을 포장한다.
3. 동구밭 대표 제품인 '동구밭 올바른 설거지 워싱바'.

point. 1
'장애인과 함께 만든 비누',
'장애인과 환경 모두가 함께 상생하는
일상을 꿈꾼다'는 기업 모토로
착한 기업이라는 이미지를 가꾼다.

point. 2
세안, 설거지, 샴푸·린스, 유아, 반려동물,
과일·야채 등 '비누'하나로 다양한 분야를 아우르며
친환경 브랜드로 성장했다.

이에 동구밭은 뷰티 브랜드에서 라이프 브랜드로 기업 이미지를 확장시켰다. 이후 지금까지 동구밭은 고체 샴푸와 린스, 입욕제, 유아 전용 비누, 과일·야채 세정제, 강아지 비누까지 다양한 제품을 선보이고 있다.

호텔에 입성한 동구밭

이들의 행보가 또 한 번 도약을 이룬 건 설거지 워싱바를 출시하고 1년여 후인 2018년 8월이다. 동구밭의 제품이 5성급 워커힐 호텔에 어메니티로 들어간 것. 호텔에서 어메니티가 갖는 상징성은 대단하다. 제품의 질은 물론 친환경 지속가능성, 장애인과 함께하는 기업이라는 이미지가 가치 소비를 원하는 고객층의 니즈와 맞물렸기에 브랜드는 또 다른 발판을 마련할 수 있었다.

이후 동구밭은 오이엠(OEM, 주문자 상표 부착 생산 방식)과 오디엠(ODM, 제조자 개발 생산 방식)으로 기업 등에 비누를 납품해 안정적인 수익 구조를 창출하고 있다. 아울러 다양한 제품과 남는 공간이 없는 '실용 상자' '종이 완충재', 실종 장애 아동이 그려진 친환경 '호프 테이프'를 택배 상자 포장에 사용하는 등 다방면 걸쳐 기업 철학을 보여주고 있다.

4. 천연 소재 수세미와 설거지 워싱바 구성의 동구밭 설거지 세트.

ECO PICK

인류를 위하는
닥터노아

제품의 생산부터 폐기까지, 결국 자연

'대나무 칫솔' '치과 의사가 만든 칫솔'이라는 수식어로 처음 알려진 닥터노아는 이제 그린 컨슈머뿐 아니라 일반 소비자에게도 익숙한 브랜드다. 닥터노아의 성공 비결에는 좋은 기술과 품질, 경쟁력 있는 가격, 다양한 제품군 등이 있으나 그 핵심에는 빈곤 문제 해결, 친환경, 사회와의 공존까지 인류를 바라보는 따뜻한 시선이 있다.

제3세계 빈곤 문제 해결을 위해 시작한 일

닥터노아의 대표적 제품 대나무 칫솔은 대표 박근우가 에티오피아로 국제 구호 활동을 떠났을 때 생각한 것이다. 구호 활동에서 만난 어린아이들이 학업도 포기한 채 대나무 공예에 열중하는 것을 보고, 대나무로 과연 무엇을 만들어 이들의 문제를 지속 가능하고도 근원적으로 해결할 수 있을까 고민했다. 치과 의사였던 그는 결국 자신이 제일 잘할 수 있는 분야에서 사회적 기업을 창업하기로 마음먹었다. 그러다 중국을 중심으로 제작·판매 중이었던 대나무 칫솔을 떠올렸고 그것이 지금 닥터노아 '마루 대나무 칫솔'의 시작이다. 닥터노아는 빈곤 문제 해결이라는 처음의 미션을 되새기며 환경과 공존이라는 방향에 맞춰 후원과 기부를 지속하고 있다.

기술과 진심이 만든 칫솔

마루 대나무 칫솔은 대나무에 있는 당을 이용해서 가열·압착해 만든 자연 코팅막이 핵심이다. 닥터노아의 이 기술이 나오기 전까지 대나무 칫솔은 가격이 비싸고 관리하기 힘들다는 것 외에도 곰팡이가 생긴다는 단점 때문에 시장에서 외면받고 있었다. 닥터노아는 직접 찾은 이 방법을 통해 제조 공정과 가격 부담을 줄이고 질감과 모양새, 플라스틱 칫솔보다 곰팡이 생성 방지에 효과적이란 연구

닥터노아의 대표 상품인 대나무 칫솔.

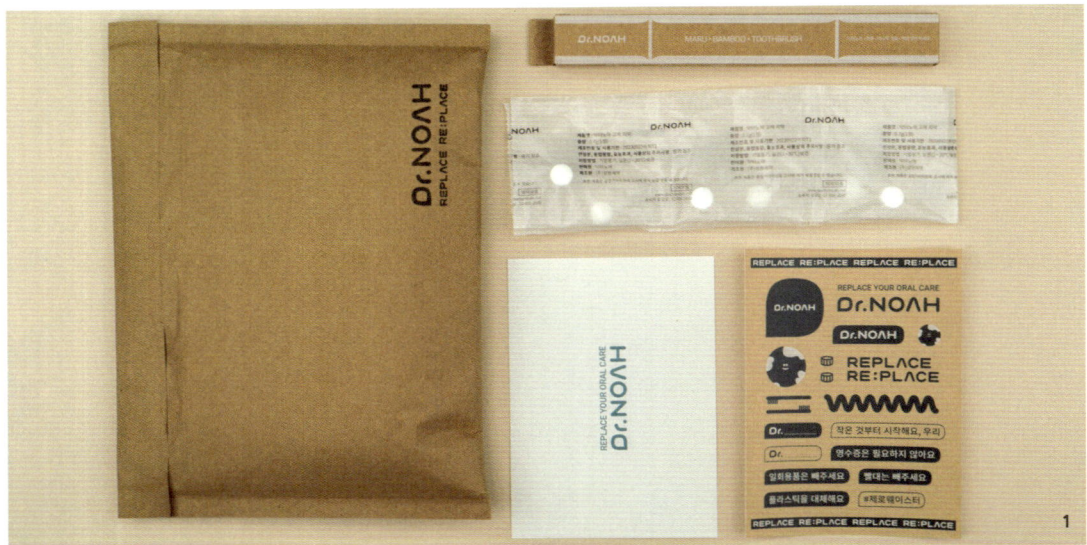

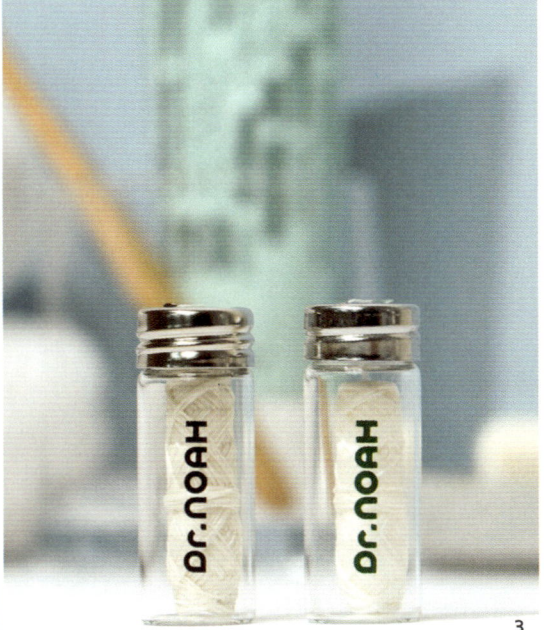

1. 닥터노아 제품은 물론 포장지에도 친환경 철학을 담았다.
2. 대나무 칫솔 케이스.
3. 닥터노아의 치실.
4. 재사용 가능한 혀 클리너.

닥터노아가 그동안 줄인 플라스틱의 양

2021년 10월까지 **1,197,403**개의 대나무 칫솔을 판매해, **21,387**kg의 플라스틱(플라스틱 칫솔 18g 기준)을 줄였다.

point. 1
새로운 제조 기술을 개발해
친환경 제품이 가졌던 문제를 해결하고
일반 구강 건강 제품 시장에 안착했다.

point. 2
반영구적이고 자연 친화적인 제품을 생산하며
용기와 패키지에도 이를 접목해
새로운 고객을 끌어들였다.

결과를 얻으며 품질을 높였다. 닥터노아는 2년 반 동안의 칫솔 제조 과정 연구 성과에 대해 "우리가 친환경, 빈곤 문제 해결이라는 슬로건 말고 소비자가 원하는 좋은 품질을 내면 플라스틱 칫솔을 만드는 회사도 대나무 칫솔을 만들게 될 것이다. 이때 우리가 솔루션을 제시하고 싶다"고 말한다.

자연에서 자연으로
입에 닿는 오럴 제품이기에 모든 성분을 치과 의사가 직접 테스트하고 안전 인증 검사 등 엄격한 과정을 통해 까다롭게 만든다. 마루 대나무 칫솔과 마루 키즈 대나무 칫솔, 유해 성분과 방부제·계면활성제가 없는 고체 치약, 동물실험과 동물 성분을 배제한 마루, 마루 F 치약까지 제품과 용기 그리고 포장재에도 환경친화적 모토를 담았다. 이렇게 생산부터 폐기까지 전 과정에서 지구와 인류를 생각하는 브랜드의 행보를 소비자들이 응원하는 건 어쩌면 당연하다.

고양이 모래로 재탄생한 커피 찌꺼기
알프래드

알프래드는 커피 찌꺼기를 고양이 모래로 재탄생시켰다. 연간 버려지는 커피 찌꺼기는 1,150만 톤에 달한다. 커피 찌꺼기는 탈취성이 우수해 반려묘의 배변 모래로 제격이며, 제품은 천연 소재로 변기에 버릴 수 있게끔 개발됐다. 매년 260톤의 커피 찌꺼기를 재활용해 8만 7,880kg의 이산화탄소 감소 효과를 내고 있다. 아울러 기존 고양이 모래가 잡지 못한 배변 악취를 30분 이내에 99.5% 줄이는 강력한 탈취력으로 반려동물용품업계에 새로운 솔루션을 제시한다. 고양이의 중추신경계에 악영향을 미치는 카페인 성분을 덜어내기 위해, 디카페인 커피만을 제조하는 더치커피 공장에서 커피 찌꺼기를 공급받아 생산하니 안심하고 사용할 수 있다.

point
반려묘의 배변 모래는 주기적으로 사용하는 주 소비재다. 버려지는 모래 폐기물에 대한 환경적 고민을 덜어주는 동시에 탈취 효과까지 있어 입소문을 타고 있다.

옥수수로 만든 배변봉투
파우스가든

파우스가든은 반려동물에게 더 안전하고 더 좋은 것을 주고 싶은 마음에서 시작한 친환경 반려동물 제품 브랜드다. 산책 시 반려견의 배설물을 직접 수거하는 것은 기본 에티켓이지만, 비닐 배변 봉투는 한 번 사용하고 버려 환경오염을 야기한다. 파우스가든의 옥수수 자연 분해 배변 봉투는 미국 퇴비화 인증을 획득한 옥수수 전분과 바이오 소재만으로 만들어 폐기 시 토양에서 90~180일 이내에 완전 분해되어 토양을 플라스틱 오염으로부터 보호할 수 있다. 또한 토양에 유해한 화학성분을 최대한 배제하기 위해 무향으로 제조한다.

point
파우스가든의 옥수수 자연 분해 배변 봉투는 반려견과 산책 시에도 환경보호를 실천할 수 있다는 점에서 주목을 받고 있다.

종이로 가구를 만드는
페이퍼팝

페이퍼팝은 '혼자 사는 젊은 세대가 몇 년 쓰고 버리게 되는 값싼 가구는 대부분 재활용이 안 된다'는 점에 주목했다. 페이퍼팝은 폐기 시 매립하거나 소각되는 목재 합판 대신 종이로 가구를 만든다. 종이는 70% 이상 재활용이 가능하고 땅에 묻더라도 미생물에 의해 생분해돼 지속 가능한 소재다. 페이퍼팝은 재활용이 용이하면서 무거운 화물에 주로 쓰이는 특수 골판지를 사용하며 하중 설계 및 사용성 검증 과정에도 공을 들인다. 견고한 내구성을 자랑하면서도 콤팩트한 사이즈의 종이 가구는 일상의 불편함과 환경문제를 동시에 해결한다.

point
종이 가구는 재활용이 불가한
가구 폐기물에 새로운 대안을 제안한다.
더욱이 이사가 잦은 1인 가구에게
관심을 받고 있다.

필터까지 재활용하는 가정용 정수기
브리타

독일 친환경 정수기 브랜드 브리타는 용기에 필터를 꽂아 물을 여과해서 먹는 가정용 정수기를 판매한다. 일반적으로 필터 하나당 500ml 생수 300개 분량의 물을 정수할 수 있어, 꾸준히 사용할 경우 매년 40억 개 분량의 플라스틱 절감 효과를 기대할 수 있다. 브리타코리아는 2021년부터 필터 재활용 프로그램인 '그린 리프 멤버십'을 시작했다. 소비자가 교체한 필터를 모아둔 뒤 브리타 공식 홈페이지를 통해 재활용 수거 신청을 하면 3~4일 내로 가져가는 방식이다. 수거한 필터는 재질에 따라 분류, 세척 등의 과정을 거쳐 새로운 자원으로 재생되거나 산업수처리 시설에서 재활용돼 일회용 플라스틱과 이산화탄소 배출 절감에 기여한다.

point
브리타코리아의 필터 수거 시스템은
소비자의 친환경 행동주의가 기업의 실제적 변화를
이끌었다는 점에서 주목할 만하다.

03

THE NEXT BEHAVIOR

친환경에 대해 전례 없는 관심을 갖고
각 분야에서 활동하고 있는 5인을 만났다.
이들의 행보와 이야기를 통해
우리의 다음을 모색해본다.

알맹상점,
알맹이만 팝니다

플라스틱 업사이클링 체험과 일회용품 없는 카페를 만날 수 있는 곳

서울역 4층 옥상정원에 직사각 형태의 커다란 나무 건물이 있다. 눈에 띄는 간판도 없는 이곳에 사람들의 발길이 이어진다. 2020년 쓰레기 없는 소비를 지향하며 양래교 공동대표가 서울 망원동에 문을 연 '알맹상점'의 2호점, '알맹상점 리스테이션'이다. 대나무 칫솔, 실리콘 빨대, 삼베 수세미 등 친환경 제품 등 알맹이만 쏙쏙 골라 판매하던 알맹상점이 이제 업사이클링 체험과 일회용품 없는 카페까지 선보이고 있다.

Q. '알맹상점'의 시작점이 궁금하다.

시작은 알맹이만 원하는 사람들의 환경 모임인 '알짜'에서부터다. 2018년 망원시장에서 비닐 봉투 줄이기 캠페인을 했다. 당시 망원시장에서는 규제에서 벗어난 검정색 비닐 봉투가 하루에도 엄청나게 많이 소비되고 있었는데, 이를 한 장이라도 줄여보고자 에코백과 장바구니를 기부받아 상인들에게 나눠주기 시작했다.

Q. 망할 각오로 알맹상점을 차렸다고 들었다.

이 일을 시작할 때만 해도 플라스틱에 대한 경각심이 전혀 없는 사회 분위기였다. 실천가들만 관심을 갖고 심각하게 생각했다. 그래서 돈 벌 생각 없이 망할 각오를 하고 시작했다. 한 명이라도 플라스틱을 줄일 수 있도록 우리의 공간을 꾸미고 싶은 사심이 가득했기에 가능했다. 알맹상점은 제로 웨이스트 숍이지만 제품 판매에만 주력하는 것이 아니라, 동네의 '자원 순환 거점 센터' 역할을 하면서 자원 순환에 대한 가치를 시민들에게 알리는 데 힘쓰고 있다.

Q. '리필 스테이션'이란 알맹상점의 콘셉트는 어떻게 정했나.

어떻게 하면 쓰레기를 줄일 수 있을지 고민하다가 '불필요한 포장재를 버리고 해외처럼 공산품을 덜어 사용해보자'라는 생각으로 리필 스테이션을 기획하게 됐다. 사람들에게 화장품과 세제 등을 리필할 수 있는 장소를 제공하는 것이다. 포장재 없는 제품을 구입하는 것 자체가 환경에 도움이 되는 소비 방식이기도 하고, 환경 보호 실천을 하고 싶었지만 방법을 몰라 주저한 분들에게 알맹상점이 그 물꼬를 틀어주려 했다.

Q. 같은 알맹상점인데 망원동은 '리필 스테이션'이고 서울역은 '리스테이션'이다. 어떤 차이가 있나.

제로 웨이스트라는 공통분모를 갖고 있지만 운영 형태가 다르다. 리필 스테이션이 포장재 없는 상품, 업사이클링 제품, 다회용품과 더불어 화장품·세제 등 리필 제품을 판다면, 알맹상점 리스테이션은 제품도 판매하지만 그보다 재사용과 재활용 등 자원 회수가 중심이다.

Q. 1호점에는 없는 '플라스틱 달고나' 기계가 있다.

플라스틱 병뚜껑을 파쇄하고 사출해서 새로운 제품을 만드는 플라스틱 업사이클링 체험을 할 수 있는 기계다. 자석이나 카라비너, 고리 등 원하는 금형을 선택한 후, 파쇄된 플라스틱 병뚜껑을 녹여 틀에 부으면 완성된다.

1. 알맹상점 리스테이션에 비치된 '플라스틱 달고나' 기계로 분쇄한 플라스틱을 녹여 사출하는 과정을 체험할 수 있다.
2. 알맹상점 리스테이션에서는 다양한 종류의 친환경 빨대를 판매하고 있다.

point
알맹상점은 무포장 제품만 판매하며 포장재를
일절 사용하지 않는 제로 웨이스트 숍으로
리필 스테이션은 망원점에서만, 일회용품 없는 카페와
플라스틱 병뚜껑 체험은 알맹상점 리스테이션에서만
만나볼 수 있다.

병뚜껑을 모아오면 7,300원, 병뚜껑을 모아오지 않아도 9,600원으로 플라스틱 달고나를 체험할 수 있다. 환경과 관련한 날짜를 기억하기 쉽게 '비닐봉지 없는 날'인 7월 3일과 '자원 순환의 날'인 9월 6일에서 따왔다.

Q. 기계 예열 시간을 제외하면 체험 시간이 1분도 안 걸린다.
플라스틱 달고나의 빠른 사출 속도에 "이게 끝이에요?"라고 반문하는 사람이 많다. 이 속도를 직접 경험함으로써 플라스틱 공정 과정의 무서움을 느낄 수 있다. 실제로 자동화 기계가 있는 공장에서 초 단위로 얼마나 많은 플라스틱을 찍어내는지 경각심을 갖게 된다.

Q. 가게 한쪽에 있는 자원회수센터에선 어떤 것들을 수거하고, 이렇게 회수한 쓰레기들은 어떻게 재사용하나.
우유팩, 운동화 끈, 양파망, 크레파스, 커피 가루 등을 수거하고 있다. 개인이 처리하면 일반 쓰레기로 버려지는 것들이 여기에 많이 모이면 새로 태어날 수 있다. 물기 없이 바짝 말린 커피 가루는 커피 화분이나 연필로 만들고, 운동화 끈은 소창 주머니 끈으로 재사용한다. 병뚜껑과 빨대는 치약 짜개로, 우유팩은 화장지가 된다. 이 중 일부는 소재를 기부한 손님에게 선물로 건넨다.

Q. 플라스틱 달고나와 더불어 눈에 띄는 것이 카페 내 다회용 컵들이다.
일회용품 없는 카페이자 비건 카페로, 다회용기 대여 서비스업체인 '트래쉬버스터즈'의 다회용 컵을 사용하고 있다. 2022년부터 시행되는 일회용 컵 보증금제의 감각을 일깨우는 역할을 하려는 마음도 있다. 컵 보증금제를 실시해 음료 주문 시 고객에게 컵 보증금 2,000원을 선불로 받은 후, 컵 반납 시 보증금을 돌려드린다. 고객이 직접 매장 내부에 있는 싱크대에 남은 음료를 비우고, 세척기에서 컵을 간단히 세척해 수거함에 반납하는 시스템이다.

Q. 일회용 휴지조차 없다.
대신 거즈 손수건을 서랍장에 비치해뒀다. 다회용 컵에 익숙한 손님들도 손수건엔 많이 놀라고 감동한다. 손수건 세탁의 번거로움을 감수하는 건 우리 몫이다. 다회용 컵과 손수건 사용으로 쓰레기 양이 현저히 줄었다는 점이 만족스럽다. 상점에서 배출되는 쓰레기는 거의 없고, 고객들이 버린 쓰레기가 대부분인데, 50L 쓰레기봉투를 한달에 한 봉지 다 채울까 말까다.

Q. 일회용품 없는 카페를 운영하는 게 힘들지는 않나.
낯설어하는 고객도 있지만 대부분 일회용품이 없다는 점

3. 알맹상점의 공동대표 중 한 명인 양래교 대표.

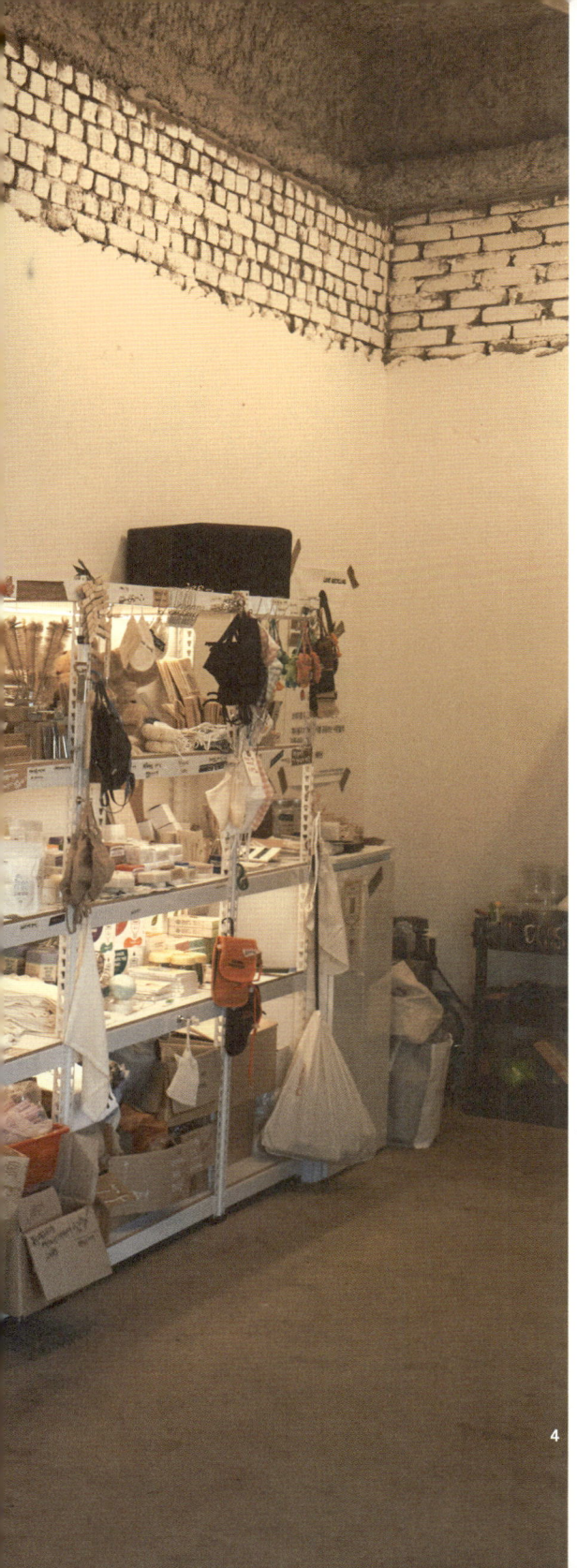

을 신선해하면서 매장의 결정을 공감하고 지지해준다. 카페 입장에선 설거지를 하지 않아도 되고, 회수된 컵을 주기적으로 반납하면 되니 편하다. 비용 면에서도 대여 가격이 일회용품 구매 가격과 비슷해 노동력을 절감하고, 쓰레기도 줄일 수 있는 다회용기 사용이 훨씬 유익하다.

Q. 알맹상점 이후로 생긴 제로 웨이스트 숍만 90군데가 넘는다. 영향력이 어마어마하다.

알맹상점 같은 무포장 가게는 지역의 풀뿌리 문화를 만들 수 있는 공간이라 생각한다. 풀뿌리 문화는 바로 생활권 실천이기에, 알맹상점 같은 곳이 많아질수록 개개인의 의식 변화와 실천을 도모할 수 있다. 단순히 제품을 판매하는 게 아니라 가치를 전달할 수 있는 곳이 더 많이 생길 수 있도록 알맹상점에서 매뉴얼을 만들어나갈 것이다. 전국 방방곡곡에 알맹상점 같은 곳이 뿌리내리길 바란다.

알맹상점(1호점)
서울특별시 마포구 월드컵로 49 2층
매일 11:30~20:00(월요일 휴무)
문의 0507-1393-8913

알맹상점 리스테이션(2호점)
서울특별시 중구 한강대로 405 4층 (서울역 옥상정원)
매일 11:00~20:00(월요일 휴무)
문의 070-7777-1925

---

4. 기존 알맹상점보다 품목 수는 적지만 베스트셀링 품목들을 알맹상점 리스테이션에서도 구매할 수 있다.

최초에서 최고로 향하는
비건 패션브랜드, 비건타이거

비건 패션의 선두 주자 디자이너 양윤아

'비건'이라는 단어조차 생소했던 2015년, 비건타이거는 국내 최초 비건 패션 브랜드라는 타이틀을 걸고, 작은 사무실에서 문을 열었다. 원단, 부자재, 염색 등 모든 공정에서 동물성을 배제한다는 건 오롯이 발품을 파는 일이었으며, 그렇게 공들여 만든 옷엔 '싸구려' '유난스러운'이라는 수식어가 붙었다. 그러나 오늘날 비건타이거는 뉴욕패션위크 진출, 서울패션위크 피날레를 장식하며 세계 최고의 비건 패션 브랜드로 거듭나고 있다. 지금에 이르기까지 디자이너 양윤아가 지키고 펼쳐온 '매력적이고 따뜻하며 잔인하지 않는 옷'에 대한 이야기.

Q. '비건'과 '타이거', 어쩐지 모순적이다.
디자이너인 나의 별명이다. 비건이자 채식주의자인 나는 열정적이고 진취적이며 때로는 사나운 성격이다. 그래서 친한 친구가 내게 채식하는 호랑이 같다고 했었다. 보통 디자이너들은 자신의 이름이나 별명을 브랜드 이름으로 내세우지 않나. 더불어 내가 만들고 싶은 브랜드 역시 개성 강하고 진취적이며 용맹한 기운이 선명한 비건 패션이었다. 단지 식물성 소재로 만든 면 티셔츠나 셔츠는 싫었다.

Q. 브랜드 론칭을 준비한 특별한 계기가 있나.
남성복 디자인 회사와 테일러 숍 등 패션 쪽에서 5년 정도 일을 했다. 그러다 고양이를 입양하게 됐는데, 그 고양이를 너무 사랑해서 다른 동물들의 삶에도 관심이 생겼다. 그 후 동물권 단체에서 직접 일해보고 싶어졌다. 결국 동물권 단체에 들어가 일을 시작했고, 그때 패션 산업에서 일어나는 만연한 동물 학대에 대해 알게 됐다. 단체의 열정적인 캠페인에도 불구하고 실제 동물성 의류 소비를 줄이기는 어렵다는 것을 몸소 체감했다.

Q. 분명 모피가 패션을 지배한 적이 있었다.
불과 5~7년 정도 전까지만 해도 한국에서는 인조 모피나 가죽 제품이 싸구려라는 인식이 강했다. 당시에는 정말 가을·겨울 옷의 십중팔구는 울이나 앙고라 같은 동물성 소재가 꼭 포함돼 있었다. 그때 깨달았다. 대체할 만한 시장이 조성되지 않으면 '모피 반대 캠페인'은 탁상공론에 그치고 말 뿐이라는 걸. 그래서 결국 내가 만들어야겠다고 생각했다. 매력적이고 따뜻하며 잔인하지 않은 옷. 동물권에 관심이 없더라도 구매하고 싶은 옷을 만들어 진짜 변화를 이루고 싶었다.

1. 비건타이거에서 출시한 페이크 퍼 재킷.
2. 가죽을 사용하지 않고 만든 비건타이거 슈즈 라인.

point
비건타이거는 우리나라에서
비건 패션 브랜드로 론칭한 최초의 브랜드로,
2020년에는 뉴욕패션위크에 올랐으며,
밀라노패션협회와 UN이 주관한 지속 가능한 패션전에
아시아 브랜드 중 유일하게 참석했다.
더불어 2022 S/S 서울패션위크 피날레를 장식해
유튜브 조회수 13만 뷰를 달성했다.

Q. 그때만 해도 '비건'이라는 타이틀이 무척이나 생소했을 텐데….

정확히 2015년이다. 처음 비건 패션을 한다고 했을 때, 비건이 무엇인지부터 설명해야 했다. 그러면 다들 "패션도 비건이 있어?" "비건은 식습관 아니야?"라는 질문을 해댔다. 또 디자인적 편견도 있었다. 뉴트럴 컬러의 정적인 패션, 천연 염색 등 예컨대 생활한복 같은 옷을 떠올렸다. 그런데 다행히도 주변 지인들이 동물권이나 환경문제에 관심이 높아 내 행보에 적극적인 응원을 보태줬다.

Q. 비건타이거는 부자재나 원단, 염색 등 다양한 제작 과정 속에서 어떤 선별과 기준을 거쳐 옷을 제작하나.

원·부자재 시험 성적서를 통해 먼저 성분을 확인한다. 또 오가닉이나 리사이클 소재는 반드시 글로벌 인증을 완료한 것을 사용한다. 프린트의 경우 수세(물 사용)가 필요 없는 디지털 프린트 방식으로 제작하며, 한국소재연구원 및 국내 소재업체들과 함께 지속 가능한 비건 소재를 개발하기도 한다. 덕분에 비건타이거는 미국 PETA에서 비건 인증을 완료했다.

Q. 비건 시장 역시 과거에 비해 많이 다양해졌다.

최근 3년 사이 우리나라에 엄청난 변화가 있었다. 비건을 어떤 대단한 각오를 지녀야 하는 운동이 아닌 라이프스타일로 쉽게 받아들이기 시작한 거다. 정말로 바라던 바다. 불과 5~6년 전에는 상상도 못했던 일이다. 하다못해 '비건'이라는 글씨를 보는 것 조차 어려웠다. 그런데 요즘은 배달 애플리케이션이나 마트에서도 비건 식품을 쉽게 볼 수 있고, 최근 론칭하는 화장품은 비건을 기본으로 한다. 당연히 비건 패션 브랜드도 많아졌고. 특히 가방과 신발 같은 잡화 브랜드는 물론 침구에도 비건 브랜드가 생겼다. 크라우드 펀딩 사이트만 봐도 비건 관련 제품이 얼마나 많은지 알 수 있다.

Q. 몸소 느끼고 있는 고객 반응이나 추세도 궁금하다.

MZ세대의 호응도가 높다. 그들이 브랜드 팬층 역할을 톡톡히 해주고 있다. 초창기만해도 비건타이거는 비건들의 응원만 받았었다. 그러나 이제 지속가능성이 트렌드로 대두되면서부터 브랜드를 좋아해주시는 분들이 더 다양해졌다. 동물보호와 환경보호 문제에 관심이 높은 분들,

3. 비건타이거의 양윤아 대표.

또 비건이 아니어도 패션을 좋아해 찾아오는 분들도 있다. 오히려 비건 패션인지 모르고 구매를 해주시는 분들도 70~80% 이상이다.

Q. 요인이 무엇이라 생각하나.

비건 패션, 지속 가능한 패션에 대한 호감도 상승은 명품 브랜드의 움직임이 아닐까 한다. 2~3년 전부터 빅 브랜드에서 '퍼 프리(FUR FREE)' '지속 가능한 패션' '책임감 있는 패션'을 외쳤다. 우리처럼 작은 브랜드 혼자 외쳤을 때에는 '유난스럽다' '별종이다' '싸구려 옷' '마케팅 아닌가' 싶은 의문과 조롱이 난무했다. 그런데 하이 브랜드가 나서니 그런 의문들이 해소된 듯하다. 오히려 더 멋지고, 이념에 대한 공신력을 인정받은 셈이다.

Q. 대외적으로도 비건타이거의 가치가 올라가고 있다.

한국에서 최초로 비건 패션 브랜드를 시작해 지금까지 열심히 노력해왔다는 걸 많이들 알아봐주시는 것 같다. 우리 브랜드가 지속가능성이 트렌드라서 편승한 것이 아니라 처음부터 그 목적을 위해 만들었다는 브랜드 정체성을 인정받은 기분이다. 2020년에는 대한민국패션대전에서 대통령상과 인기상을 수상했다. 무려 한국을 대표하는 디자이너 브랜드 473대 1의 경쟁률을 뚫고 말이다. 더구나 인기상은 온라인 대중 투표로 쟁취한 것이라 의미가 남다르다. 또 2020 F/W 뉴욕패션위크 무대에 선 것, 밀라노 패션 협회와 UN이 개최한 지속 가능한 패션 전시에 아시아에서는 유일하게 초청받아 다녀오기도 했다.

Q. 근래에도 비건타이거에 반가운 소식이 있더라.

2022 S/S 서울패션위크 데뷔와 동시에 피날레 무대를 장식했다. 비건 브랜드 최초로 패션 위크 무대에 서니 너무 영광스러웠다. 유튜브 조회도 무려 13만 명이 넘었다. 마치 브랜드를 좋아해주시는 분들이 프런트 로에 앉아서 쇼를 관람하고 응원도 해주는 느낌이라 더없이 행복했다.

Q. 이만큼 달려왔지만 분명 또 다음을 기약하고 있을 것 같다.

비건타이거를 아껴주고 응원하는 분들이 물건을 구입하면서 자신이 좋아하는 브랜드가 인간과 동물이 살아가는 세상을 바꾸고 있다는 걸 느끼길 바란다. 더불어 나 역시 그런 분들을 위해 더 열심히 일해 비건타이거를 패션과 뷰티 비건 라이프스타일을 대표하는 브랜드로 세계에 알리고 싶다.

4. 서울패션위크에 오른 비건타이거의 2022 S/S 디자인.

일회용 쓰레기를
잡는 사람들

'트래쉬버스터즈'의 다회용기 대여 서비스

영화 <고스트 버스터즈>에 유령을 잡는 사냥꾼들이 있다면, 현실엔 쓰레기를 잡는 사냥꾼 '트래쉬버스터즈'가 있다. 넘을 수 없는 산처럼 가득 쌓인 쓰레기 더미. 버려진 일회용 쓰레기에 대한 뉴스가 하루 걸러 하루 시선을 사로잡는다. 난제로 여기던 쓰레기 문제를 향해 축제 기획자, 브랜드 컨설턴트, 디자이너, 설치작가 등 각 분야의 사람들이 의기투합해 정면으로 도전장을 냈다. 트래쉬버스터즈는 일상에서 발생하는 다양한 일회용 쓰레기를 잡기 위해 다회용 컵이나 식기를 대여한다. 최안나 CBO를 만나 그들의 이야기를 들어봤다.

Q. 쓰레기 잡는 일을 시작한 계기가 궁금하다.
그래픽 디자이너로 무언가를 생산하는 일을 했다. 생산과 동시에 버려지는 것들을 자주 보다 보니 회의감을 느낀 적이 많다. 공동 창업자 중 한 명인 곽재원 대표는 오랫동안 축제 기획을 했다. 축제가 끝나고 뒷정리를 하면 엄청난 양의 쓰레기가 나오는데, 양도 그렇지만 쓰레기를 처리하는 비용이나 인력 문제 등을 겪으면서 문제의식을 갖게 됐다고 한다. 누군가 대안을 만들어야 한다는 생각에 함께하기로 했다.

Q. 디자이너 일을 하면서 구체적으로 어떤 상황에서 회의감이 들었나.
소규모 디자인 스튜디오를 운영하면서 상업 공간, 특히 F&B 관련 공간에 필요한 전반적인 브랜딩과 그래픽디자인을 했다. 그런 경우 그 브랜드에 맞는 식기를 디자인 및 제작하는 일도 많이 한다. 심혈을 기울여서 제품을 만들었는데 일회성으로 사용하고 버리는 물건이 많았다. 그런 걸 자주 보면서 그래픽 디자이너로서 좀 더 수명이 긴 제품을 디자인하고 싶다는 갈망이 생겼다.

Q. 다회용기 대여 사업의 가능성을 알아본 건가.
베타 서비스로 2,000명 정도 모이는 음악 축제에 다회용 식기를 대여한 적이 있다. 매년 같은 행사가 있었는데, 이전에는 행사 후 쓰레기가 100L 쓰레기봉투로 350개 정도 나왔다면, 다회용 식기를 제공한 해에는 8개밖에 나오지 않았다. 쓰레기가 98% 가까이 줄어든 것이다. 본격적으로 시스템을 만드는 계기가 됐다.

Q. 'It's not a big deal'이란 슬로건이 눈에 띈다.
베타 서비스를 하면서 실제로 우리가 느낀 점이다. 사람들이 어떻게 반응할까, 사용하지 않으면 어떡하지, 그런 우려들이 있었는데 해보니까 별 게 아니더라. 우리는 빌려주고, 사람들은 사용하고, 남는 쓰레기는 없고, 모두가 즐거웠다. 전에는 신나면서도 축제가 끝난 후 찝찝함이 남거나 죄책감을 느끼는 부분이 있었다. 베타 서비스 이후 '별 게 아니다. 하면 할 수 있다'라는 생각이 들었고, 우리가 느낀 만큼 실제로 이용하는 분들도 공감할 수 있도록 하고 싶었다.

Q. 컵의 소재가 폴리프로필렌(PP)이다. 플라스틱 소재에 의구심을 갖는 이들도 있을 듯하다.
우리가 문제 삼는 건 플라스틱 자체가 아니라 플라스틱 쓰레기다. 플라스틱 제품을 여러 번 사용해 쓰레기가 되지 않게 하는 것이 중요하다. 폴리프로필렌은 가정에서 사용하는 반찬통이나 아이들 장난감 등 다방면으로 쓰이고 있다. 인체에 유해한 물질이 나오지 않고 안전성을 검증받은 소재이면서 다른 플라스틱 종류와 달리 재가공을 하기에 용이한 성질을 가지고 있다. 그래서 다회용기가 언젠가 훼손돼 폐기해야 할 때를 생각했다. 따로 모아 분쇄한 다음 다른 제품을 생산하기 위해 폴리프로필렌을 택했다.

Q. 다회용 컵은 몇 회 정도 사용이 가능한가.
300~400번 정도 사용 가능할 걸로 예상했다. 하지만 실제로 서비스를 하고 보니 사용처나 쓰는 사람, 운반 과정에 따라 훼손도가 달라져 기준을 다시 정해야 했다.

트래쉬버스터즈의 시그너처인 주황색의 다회용 식기들.

point

트래쉬버스터즈는 단순한 다회용기 대여 업체가 아니라,
다회용기의 재사용이 일상화될 수 있도록 '문화'를 만들어간다.
다회용기를 편리하게 쓸 수 있는 기반이 마련돼 있지 않은 현 상황에서
개인에게 환경문제에 대한 책임을 전가하지 않고, 지자체와
기업, 개인 간 협조를 통한 시스템 구축에 힘쓰고 있다.

일반 가정에서 사용하는 용기의 사용 횟수에 기준을 맞추기보다는 서비스하는 '상품'이란 점에 초점을 둔다. 상품으로서 언제까지 가치가 있을지 사용 횟수나 폐기 시점, 재생산 시점에 대해 논의하는 중이다.

Q. 수거한 컵은 어떻게 세척하나.
수거한 컵은 6단계의 세척 과정을 거친다. 1단계 초음파 세척기에 넣어 이물질을 제거하고, 2단계 뜨거운 물에 담가서 불림 및 애벌 세척을 한다. 3단계 기계 안에서 고온·고압수로 세제를 사용해 세척한 후, 4단계 세척기 안에서 열풍으로 건조한다. 5단계 건조가 끝난 제품을 자외선 살균 소독기에 넣어 소독 과정을 거치면, 6단계 컵을 꺼내 하나씩 눈으로 검수 작업을 한다. 이러한 단계를 거친 후 깨끗한 제품만 모아 진공포장을 한다.

Q. 위생 때문에 다회용 컵보다 일회용 컵을 선호하는 사람이 많다.
다회용 컵이 위생적이지 않다는 생각은 편견이다. HACCP 인증에 사용하는 ATP 오염도 측정기로 미생물 테스트를 했다. 트래쉬버스터즈의 다회용기 제품 측정 결과, 식품위생 안전기준인 200RLU보다 현저히 낮은 수치인 19RLU가 나왔다. 그런데 구입 후 바로 뜯은 일회용 컵과 접시를 측정해보니 125RLU가 나왔다. 다회용 컵과 20배 정도 차이가 났는데, 세척한 다회용품이 일회용품보다 위생적이란 얘기다.

Q. 보통 환경 관련 제품은 녹색이나 푸른색 계열을 사용하는데, 트래쉬버스터즈는 시그니처 컬러가 주황색이다.
우리의 역할 중 하나가 사람들이 환경문제에 더 쉽게 접근할 수 있는 문화를 형성하고 콘텐츠를 생산하는 것이다. 기존의 방식과는 다른 접근 방법을 취할 필요도 있었고, 환경 하면 떠오르는 녹색의 이미지를 일부러 탈피하고 싶었다. 또 처음에 축제 시장을 타깃으로 시작하다 보니 야외 잔디밭에서 음식을 먹거나 할 때 어울리는 컬러를 고르려 했다. 오렌지색은 식욕을 돋우는 색이기도 해서 식기 색깔로 쓰기에 적합했다.

Q. 색 이외에 디자인적으로 신경 쓰는 부분이 있나.
기능적인 면을 염두에 둔 디자인 요소가 많다. 우선 대량으로 쌓아서 납품해야 하니까 잘 세워지면서도 하나씩 빼서 쓸 수 있게 컵 안에 단이 필요했다. 또 세척기 안에서 컵 속의 물이 고이고 잘 마르지 않으면, 그로 인해 미생물 수치가 높아진다. 물이 고이지 않고 빨리 마르도록 뒤집어놓은 컵 밑에 물이 빠질 수 있는 홈을 만들었다.

1. 트래쉬버스터즈의 최안나 CBO와 영화 〈고스트 버스터즈〉의 유령을 패러디한 로고.

Q. 다회용기 대여 서비스를 이용하는 업체가 어느 정도 되는가.
요즘은 환경에 대한 문제의식을 갖고 행동하려는 움직임이 많아졌다. 우리가 그 대안에 가까운 서비스를 하고 있다 보니 많이들 찾는다. 일반 카페는 많지 않다. 지금 주로 대여하는 곳은 사내 카페나, 탕비실 같은 곳이다. 대표적으로는 'KT' 본사와 '딜리버리 히어로'가 있다. 기업의 경우 인아웃이 명확한 공간이라 일반 상점보다 이용률이 높다. 다회용기 사용이 사내 문화로 자리 잡는 것을 목표로 삼고 있다.

Q. 서비스를 이용하는 기업의 반응은 어떠한가.
ESG 경영을 사내에서 실현할 수 있다는 점과 쓰레기가 감소한다는 점에서 반응이 좋다. 실제로 다회용기를 사용하면서 쓰레기가 90% 이상 줄었다고 한다. 쓰레기를 줄이는 것 자체로도 의미가 있지만, 그 쓰레기를 처리하는 비용까지도 절감할 수 있다는 면에서 긍정적인 반응이다.

Q. 서비스를 확장하고 싶은 영역이 있나.
얼마 전부터 'CGV'에 콜라 컵 대여를 시작했고, 팝콘 용기도 대여할 계획이다. 그 외에도 야구장이나 축구장 같은 스포츠 경기장이나, 장례식장, 예식장 등 확장할 수 있는 영역이 굉장히 다양해서 차근히 준비하고 있다.

Q. 대체하는 데 오래 걸릴 것 같은 일회용품 시장을 꼽자면 어디일까.
분야로 따지면 일반 배달 시장이 제일 어렵다고 본다. 배달 용기는 일회용품으로 워낙 잘 개발 돼 있고, 저렴하면서 그 종류가 너무 많아서 하나하나 대응할 수 있는 식기를 만들기에는 개발 비용도 많이 든다.

3

무엇보다 배달 프로세스 자체가 예전처럼 전화로만 주문하는 것이 아니라 배달 플랫폼을 이용하는 게 정착 돼 있다 보니까 이런 여러 가지 이해관계와 또 그만큼 거쳐가는 것이 많기에 발생하는 비용도 늘어나고, 여러 가지 조건을 크게 바꿔야 하는 게 많아서 가장 어렵다고 생각한다.

Q. 일을 하다 보면 개인의 소비 가치관에도 변화가 생길 것 같다.
확실히 일회용 컵을 사용하지 않는 일엔 익숙해졌다. 그리고 웬만하면 불필요한 소비를 하지 않게 됐다. 오랫동안 버리지 않고 계속 사용한다면 어떤 소비를 해도 괜찮다는 생각이지만, 한 번 쓰고 버리거나 수명이 짧은 물건을 다량으로 사는 것은 지양한다.

Q. 다회용 컵 말고 사용하고 있는 친환경 제품을 소개해 달라.
샴푸 바를 소개하고 싶다. 선물을 받은 계기로 계속 사용 중인데, 전혀 불편하지 않다. 내 인생에서 다른 플라스틱을 버리는 일은 있어도 플라스틱 샴푸통을 버릴 일은 없을 것이다. 앞으로도 계속 써야겠다는 생각이 드는 제품 중 하나다.

Q. 일회용품은 버리면 끝이라 편하다. 그 편안함이 익숙해 일회용품을 선호하는 사람도 있다.
"텀블러 들고 가세요. 용기를 내세요"라는 건 그 의미를 이해하고 좋아하는 이들에겐 어렵지 않지만, 사실 귀찮은 일이다. 시스템을 구축하는 게 우리가 해야 할 미션이라고 생각한다. 매번 개인용품을 들고 다니지 않아도 매장에서 시스템적으로 다회용 컵에 음료를 제공하는 옵션을 갖추면 된다. 굳이 개인이 부채감이나 죄책감을 느끼지 않도록 사회 인프라를 구축하는 게 중요하다.

Q. 만약 트래쉬버스터즈가 일회용품 쓰레기를 다 잡아버린 세상이 온다면 그다음은 무얼 하고 싶나.
꿈같은 이야기다. 일회용품 쓰레기의 양이 어마어마해서 마음먹고 시작했음에도 힘들고 버겁다. 쏟아부을 수 있는 에너지를 전부 쏟고 있어서, 일회용품 없는 세상이 온다면 미련 없이 훌훌 떠날 수 있을 것 같다.

---

2. 사무실 기둥에 트래쉬버스터즈 로고와 슬로건, 가치관 등을 보여주는 스티커가 붙어 있다.
3. 일회용 쓰레기를 잡는 트래쉬버스터즈 사람들.

유기된 사물에
새 숨결을 불어넣다

버려진 사물을 모아 예술 작품으로, 조각가 엄아롱

사람이 머물다 떠난 자리엔 많은 것이 버려진다. 우리가 쉽게 소비하고, 쉽게 버리고, 쉽게 잊은 것들이다. 이렇게 쓰임이 다해 버려진 사물들을 모아 예술 작품으로 재탄생시키는 엄아롱 작가. 그의 작품을 통해 우리가 직면한 환경문제에 대해 사유할 수 있다.

Q. 버려진 물건들에 관심을 갖게 된 계기가 궁금하다.
유년 시절을 보낸 장소들이 재개발 과정을 겪으면서 다 사라졌다. 어느 날 사람들이 이주하는 모습을 보는데, 물건을 다 버리고 가는 게 충격적으로 다가왔다. 그때 느낀 기분과 충격을 작품으로 만들어보려고 시작했다.

Q. 처음 만든 작품은 무엇인가.
레코드판으로 유기견을 표현한 것이 첫 작품이다. 당시엔 업사이클링이라는 용어도 없었고, 그저 내가 만드는 것이 환경에 도움이 됐으면 좋겠다는 바람이었다. 사람들이 이사를 가면서 쓰레기뿐 아니라 반려동물을 버리는 광경을 목격했다. 누가 봐도 집에서 사랑받고 자라던 아이들이 한순간에 버려져 길거리를 돌아다니며 생존을 위협받는 모습이 너무 충격적이었다. 그 모습을 표현하고 싶었다.

Q. 환경의 날을 기념해서 만든 '북극곰의 눈물'도 동물이 소재다.
자연스러운 흐름이었다. 환경에 직접적으로 영향을 받는 동물들에 관심이 간다. 버려지는 동물이나 북극곰, 고릴라, 사막여우 같은 멸종 위기 동물들이 떠올랐다. 사람들에게 환경문제의 심각성을 동물을 통해 느끼게 하고 싶었다.

Q. 작품의 재료인 페트병이나 레코드판 등을 구하는 수집처가 따로 있나.
초창기에는 재개발 지역에 들어가서 사람들이 빠져나갈 때 버리는 것들을 주워 모았다. 당시에는 어떤 작업을 목적으로 한 게 아니라 관심 있는 것들, 내가 사용할 수 있겠다 싶은 것들을 다 주웠다. 시간이 흐르면서 계획성 있게 수집하는 방향으로 바뀌었다. 필요에 의해 수집처를 정한다. 예를 들면, 제주도에서 프로젝트로 고래 형상을 만들 때는 하얀색 막걸리병과 부표를 수집했다. 또 오래된 한옥의 창문 등을 구할 땐 종로의 한옥 리모델링 공사 현장에서 버리는 물건들을 수집했다.

Q. 발품이 많이 든다.
최근에는 이런 활동이 너무 버거워서 오프라인에서 수집하는 걸 온라인에서 대체하기도 한다. 온라인에서 정크 이미지나 저작권이 없어 누구나 사용할 수 있는 이미지를 수집한다.

Q. 이사를 많이 다녔다고 했다. 작가 또한 무언가를 버릴 수밖에 없는 경험을 했을 텐데, 기억에 남는 것이 있나.
집도, 작업실도 계속 이사를 다녔다. 예전에 연희동 작업실을 쓰다가 더 좁은 곳으로 가면서 많은 물건을 버려야 했다. 심지어 작품마저도 폐기 처분했다. 오래전에 만들었던 계단 작품을 이사하면서 폐기 처분했는데, 속상한 마음이 아직도 남아 있다.

1. 엄아롱 작가는 버려진 레코드판을 모아 작품을 만든다.
2. 작업실 벽면에 '버려지는 것과 버릴 수밖에 없는 것'에 대한 작가의 고뇌가 담긴 메모가 가득하다.

point

엄아롱 작가는 버려지는 사물이나
잊히는 것에 대해 관심을 갖는다.
다양한 오브제를 오랜 시간 동안 관찰하고
해체, 조립, 재배열하며 새로운 형태로 만들어낸다.

Q. 버려지는 물건을 수집해 작품을 만드는데, 또 그 작품을 버려야만 하는 상황이다.

아이러니하지만 받아들여야 한다. 업사이클링 소재를 모티프로 작업하다 보면 작품을 폐기할 때도 그렇고 일상에서도 자기 검열을 하게 되는 경우가 많다. '내가 이런 활동을 하는데, 일회용 컵을 써도 되나? 비닐봉지를 써도 되나?' 고민이 많았다. 내가 할 수 있는 선까지 하자고 마음을 내려놓으니 편해졌다. 전에는 쓰고 버리는 것에 중점을 뒀다면, 이제는 생산 자체를 하지 않거나 줄이는 쪽에 초점을 맞추고 있다. 그런데 예술 활동 자체가 무언가를 자꾸 생산하는 작업이라는 데 모순이 있다. 이런 작품들이 꼭 필요한지 물었을 때 명쾌한 답변을 하기 힘든 경우도 있다. 그런 부분에서 괴리감을 느낀다. 그럼에도 나는 작품을 통해 사람들이 환경문제나 사회문제를 자각할 수 있게끔 하는 역할을 해야 한다고 생각한다. 그래서 긍정적인 영향을 끼칠 수 있는 작품을 더 잘 만들어야겠다고 다짐했다.

Q. 부피가 큰 작품은 보관하는 게 힘들 것 같다.

조각하는 사람들의 공통적인 고민이다. 평생 짊어지고 가야 하는 숙제이고, 지금도 그것 때문에 고생을 하고 있다. 항상 물리적인 공간이 필요하다. 금전적으로 부담이 되지만 대부분 임대 창고를 작업실 겸 보관실로 사용한다. 그래서 요즘은 전시 이후를 고려해서 작업한다. 각 작품을 모듈화하는 것이다. 전시 이전에는 최소한의 공간만 차지할 수 있게 테트리스 하듯 쌓아둔다. 전시할 땐 온전한 작품이 됐다가 전시가 끝나면 다시 해체해서 쌓아두는 것이다. 이렇게 하면 작품의 일부가 테이블이 되기도 하는 등 다른 용도로도 사용할 수 있다.

Q. 지속 가능한 작품을 만드는 것인가.

그렇다. 수익 창출 구조가 되는 동시에 작품의 수명을 연장할 수 있다. 카페나 공원을 활용해서도 작품의 지속성을 높이고 있다. 카페에 전시한 작품을 주기적으로 교체하고, 광명 업사이클 아트센터 공원엔 야외에 설치할 수 있는 작품들을 다 전시해뒀다. 이렇게 하면 전시 이후 느끼던, 작품이 휘발되는 기분을 해소할 수 있다.

Q. 요즘 관심을 갖고 다루는 주제는 무엇인가.

그동안은 내 개인의 문제에 집중을 많이 했다. 내가 살고 있는 서울이란 도시에서 생기는 문제들, 그 안에서 경험한 것들. 그런데 이런 개인적인 고민이 조금씩 확장되는 것을 느꼈다. 나 혼자가 아닌 이 사회의 구조가 바뀌어야 실질적인 변화가 생긴다. 사회가 변화하는 데 일조하고 싶어서 개인 전시보다는 공공 전시, 공공 미술 프로젝트, 혹은 환경 관련 포럼에 꾸준히 참여하고 있다. 이렇게 나아가다 보면 정말 사회구조를 바꿀 수도 있을 것이란 희망이 생겼다.

3. 엄아롱 작가와 버려진 레코드판을 모아 만든 작품.

Q. 공공 프로젝트를 통해 실제로 사람들의 인식이 변화하는 걸 경험했나.

시민 참여 프로젝트를 시작하면 처음에는 "몰라서 못했다"라는 반응이 대부분이다. 개인이 환경을 위해 할 수 있는 간단한 행동이나 방법을 공유하고 혹은 같이 프로젝트에 참여하면서, 우리 스스로 할 수 있는 무언가가 있다는 걸 느낄 수 있게 돕는다. 그 후 시민들이 지속적으로 실천하는 모습을 볼 때 내가 하는 활동이 누군가에게 영향을 끼칠 수 있다는 걸 느낀다.

Q. 엄아롱 작가의 작품을 대하는 사람들의 인식도 많이 바뀌었나.

내게 업사이클링이란 용어는 작업물의 디자인 기반을 설명하는 것이지, 작업 그 자체를 표현하기에 적합한 단어는 아니라고 생각한다. 다만 예전에는 사람들이 내 작품을 정크 아트의 개념으로 받아들였다. 고물을 주워다 만든다는 소재적인 측면으로만 바라봤다면, 요즘은 좀 더 나은 가치를 추구한다는 등의 개념적인 측면으로 받아들인다.

Q. 사회구조를 바꾸고 싶다고 했는데, 엄아롱 작가가 꿈꾸는 세상은 어떤 모습인가.

지금의 환경문제는 개인을 탓할 수만은 없다. 일회용품을 많이 사용하고 소비하는 문화가 우리 사회에 깊게 뿌리내렸기 때문이다. 일회용품이 주는 편안함에 길들여진 사람들이 많다. 개인의 노력에만 기대려 하지 말고, 사회 시스템 자체를 변화시켜야 한다. 개인이 자연스럽게 환경보호에 동찰할 수 있는 시스템을 제공하는 사회가 됐으면 한다.

Q. 그런 사회가 되려면 각 지자체나 국가의 역할이 중요할 것 같다.

지자체에서 하나씩 바꿔나가기엔 너무 힘들다는 걸 안다. 각 지역에서 개선하는 것도 중요하지만, 처음부터 여러 환경문제를 보완할 수 있는 인프라를 갖춘 도시 개발도 필요하다고 느낀다. 개인적으로 꿈꾸는 이상적인 도시의 모습이다. 직접 만들지는 못하겠지만, 훗날 도움이 될 수도 있으니 도시계획에 대해 좀 더 공부할 생각이다.

4. 오래되고 버려진 TV, 선풍기 등을 작업실 한쪽에 모아뒀다.

비건 요리의 집대성, 로비건아카데미

국내 유일 채식 요리 전문 학원 소나영 원장

동물성 제품을 일체 사용하지 않는 요리 학원이 있다. 이 요리학원은 이미 비건 사이에는 꽤나 유명할 뿐 아니라 채식과 환경, 지속가능성에 관심을 갖고 있는 여러 지자체와 기업 역시 이곳을 찾고 있다. '국내 유일', '채식 요리 학원'이라는 키워드 만으로도 이곳을 설명하는데 모자람이 없다. 그러나 로비건아카데미 소나영 원장은 이보다 채식 문화를 통한 지구 사랑, 비건 한식 요리의 해외 전파 같은 더 큰 꿈을 그릇에 담고 있었다.

Q. 'RAW VEGAN'은 정확히 어떤 의미인가.
로 푸드(raw food)와 비건 푸드(vegan food)의 준말로, 비건 요리를 모두 아울러 이르는 말이다.

Q. 아직까지 국내 유일의 채식 요리 전문 학원이라고 들었다.
그렇다. 그래서 더욱 모든 과정이 쉽지 않았다. 해외에는 이미 채식 요리 전문 교육기관이 있었지만, 국내에는 없었다. 그래서 나조차도 미국이나 영국 등에서 배울 수밖에 없었다.

Q. 첫 시도였기에 아카데미를 열기까지 쉽지 않았을 것 같다.
학원의 모든 과정을 비건으로 하는 건 사실 무척 어려운 일이다. 처음 오픈할 때만 해도 비건이라는 것에 사회적 편견이 있었던 것도 사실이다. 게다가 일반 요리 학원에서는 한식이나 양식 같은 자격증 과정이 주를 이룬다. 그런데 우리 학원에는 그런 프로그램 자체가 존재하지 않으니 분명 다른 모색이 필요했다.

Q. 그럼에도 아카데미 오픈을 결심한 이유가 궁금하다.
아카데미를 열기 전 미래교육원, 서울시립대 평생교육원, 경희대 평생교육원 등 다양한 학교 및 시나 구에서 운영하는 프로그램 위주로 수업을 진행해왔다. 외부 수업을 꽤 많이 진행하면서 점점 채식에 대한 니즈가 늘어나고 있다는 걸 체감했다. 그리고 대중적으로나 전문적으로 채식 요리를 배울 수 있는 교육기관이 필요한 시점이 됐다는 걸 알아차렸다.

Q. 과거에는 뉴욕에서 패션을 전공하고, 대기업 패션 MD로도 일했다고.
패션업은 스트레스가 많은 직종이라 최대 관심사가 건강이었다. 더욱이 MD는 매출과 직결되는 일이라 늘 업무가 과중했고, 체력이 달린다는 걸 몸소 느꼈다. 그때 회사를 관뒀다. 그러고는 쉬면서 미국 비건 음식 리트리트 프로그램(Retreat-program)에 참여했다가 건강한 음식, 그리고 채소로만 만드는 음식의 매력에 여기까지 오게 됐다.

1. 비건 베이킹을 위해 준비한 밀가루와 아가베 시럽.
2. 로비건 채식 요리 학원은 서울 서초구 양재천로에 위치해 있다.

point
국내 유일의 비건 요리 학원으로 채식 요리 지도사, 비건 베이킹 전문가,
디톡스 주스&스무디 마스터, 로 푸드(생채식) 요리 지도사 등 다양한 과정이 있다.
이러한 교육기관의 역할과 함께 국내 채식 문화를 선도하기 위해
비건 요리 유튜브 채널도 운영한다.

Q. 패션과 채식은 어찌 보면 동떨어져 있는 분야가 아닐까 싶다.
요리와 패션 모두 무언가를 만드는 창의적인 느낌이 있어 매력적이다. 사실 처음 비건 요리를 배울때에는 단순히 요리가 아닌 채소를 다듬거나 손질하며 느끼는 감도가 좋았다. 아직도 그런 느낌을 여러 사람과 공유하고 싶다.

Q. 동물성 식재료를 쓰지 않는다는 것 이외에 채식 요리가 다른 요리와 다른 점은 무엇인가.
빼는 게 더하는 것보다 더 어려울 때도 있는데, 그게 바로 요리다. 동물성 식재료가 빠졌다고만 생각하면 쉽게 느껴지겠지만 오히려 그 반대다. 육류나 해산물, 우유나 치즈 등 요리에서 풍미를 내는 다양한 주재료를 채식 요리에는 쓸 수 없기 때문이다.

Q. 그럼 풍미를 위한 대안은 무엇인가.
풍미가 있는 허브나 향신료를 더 공부해서 활용하고 있다. 예컨대 제철 채소 본연의 맛을 최대한 살리거나 이를 대체할 허브와 향신료를 사용한다. 그러면 음식의 맛과 향이 풍부해져 채식임에도 일반식만큼 감칠맛 나고 맛있는 레시피가 나올 수 있다.

Q. 재료에 한계가 있어 레시피 연구가 힘들진 않나.
예전에는 적당한 재료가 없어 해외 직구를 통해 구매하거나 한국식으로 대체했다. 그런데 최근에는 채식 수요가 늘어나 재료 수급이 수월해졌다. 대신 허브나 향신료 연구와 더불어 건강 때문에 채식을 시작한 학생들을 위해 요리 말고도 식품영양학을 따로 배웠다.

Q. 아카데미에는 주로 어떤 분들이 찾아오나.
주부들로 국한됐던 초창기와 달리 최근에는 대학생부터 남자 수강생까지 연령대와 성별이 다양해졌다. 특히 20~30대 여성분들이 채식을 시작하면서 찾아오는 경우가 많다. 채식을 하면 매번 사 먹기 어려우니 직접 배우기 위해 이곳에 온다. 이 밖에 채식 요리 지도사나 비건 베이킹 전문가 자격증을 취득하기 위해 오는 분들도 있다. 여기에 발 빠르게 움직이는 기업의 경우, 채식 메뉴 개발과 채식 교육을 위해 수강을 하기도 한다. 실제로 롯데, 풀무원, 태경농산에서는 채식 교육을 위해 아카데미를 방문했고, 배달의 민족에서는 식당 채식 메뉴 개발이나 채식 식당 창업을 고려하는 예비 창업자를 대상으로 온라인 교육을 의뢰하기도 했다.

Q. 실제 아카데미에서 운영하고 있는 수업이 궁금하다.
채식 요리 지도사, 비건 베이킹 전문가, 디톡스 주스&스무디 마스터, 로 푸드 요리 지도사, 이렇게 크게 4가지로 나뉜다. 채식 요리 지도사 과정에서는 다양한 세계 비건 요리와 기본적인 베이킹 과정을 가르친다. 비건 베이킹 전문가 과정에서는 다양한 베이킹 공정과 함께 글루텐 프리까지 응용하기 좋은 레시피를 가르친다. 또 디톡스 주스&스무디 마스터 과정에서는 과일과 채소 다듬기부터 즙, 블렌딩까지 실습하며 비건 밀크, 인퓨즈드 워터, 스무디 볼 등 다양한 종류의 음료를 심도 있게 다룬다.

3. 소나영 원장은 국내 채식 문화를 선도하기 위해 다양한 방안을 모색 중이다.

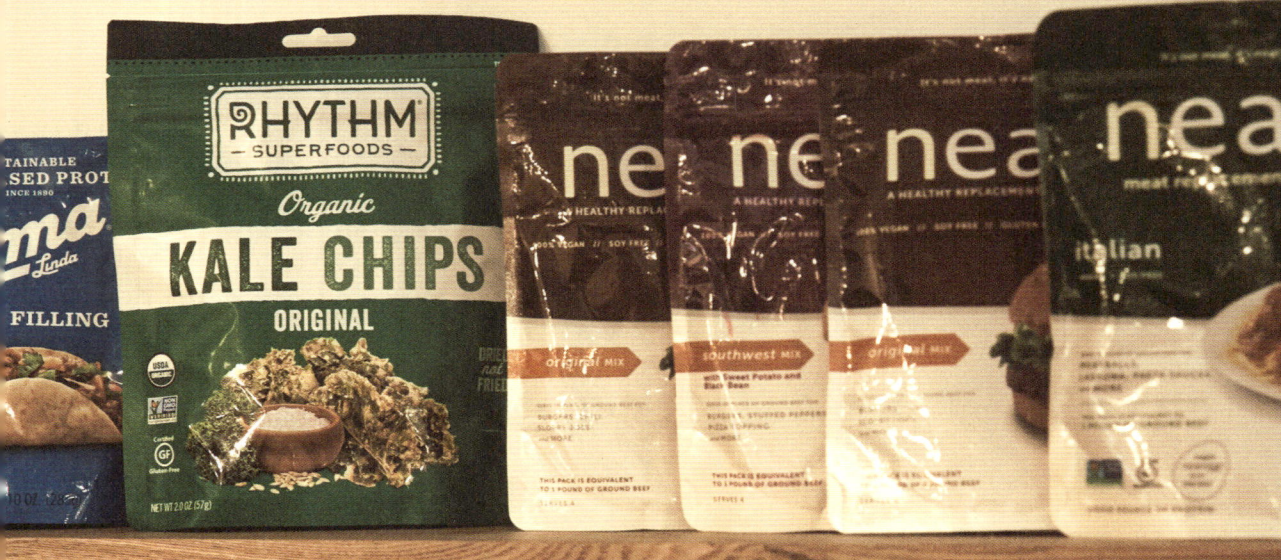

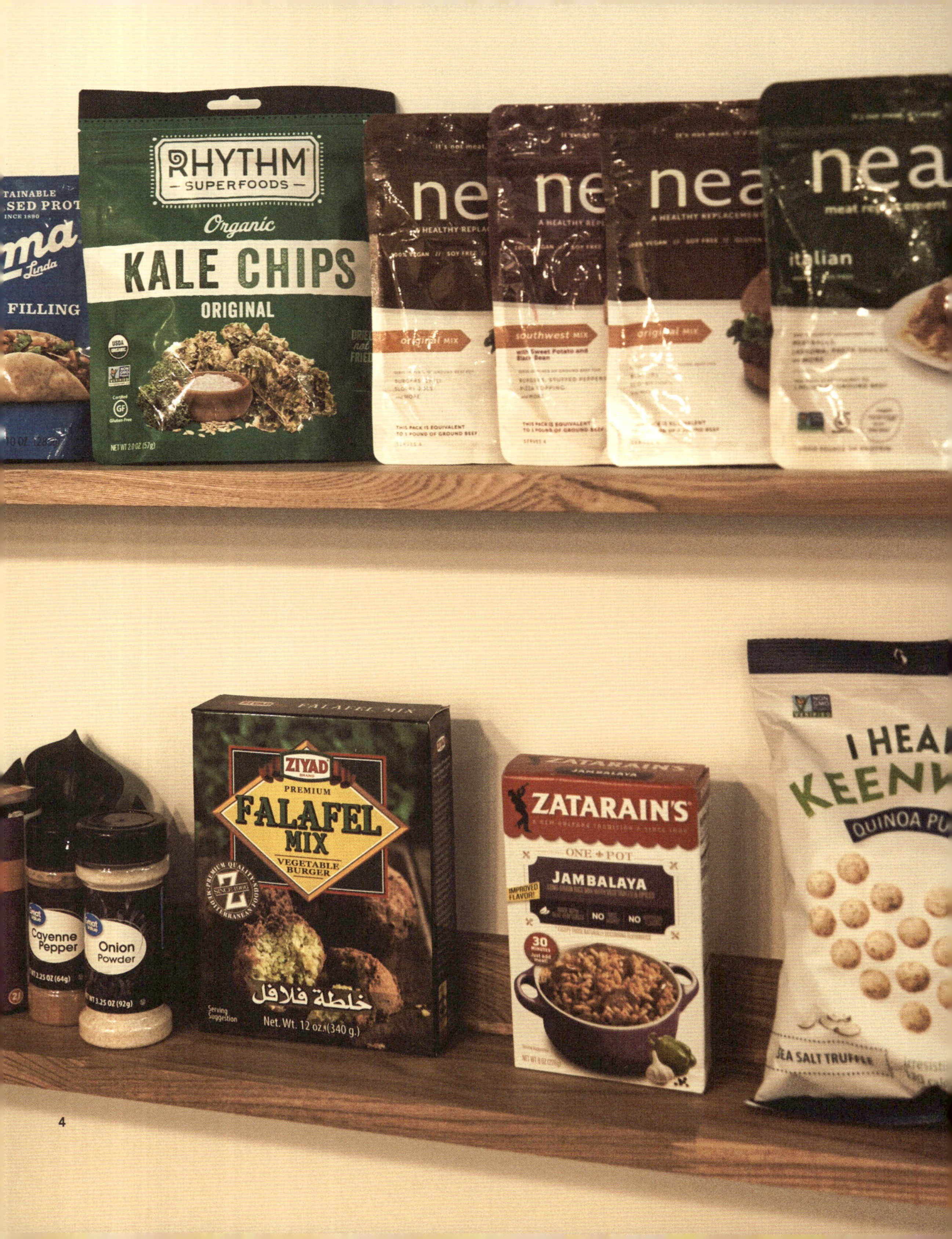
RHYTHM SUPERFOODS
Organic
KALE CHIPS
ORIGINAL
NET WT 2.0 OZ (57g)
FILLING
neat
A HEALTHY REPLACEMENT
original MIX
southwest MIX
italian
ZIYAD
PREMIUM
FALAFEL MIX
VEGETABLE BURGER
خلطة فلافل
Serving Suggestion
Net. Wt. 12 oz. (340 g.)
ZATARAIN'S
ONE POT
JAMBALAYA
IMPROVED FLAVOR!
Cayenne Pepper
Onion Powder
I HEART
KEENWA
QUINOA PUFFS
SEA SALT TRUFFLE

Q. 로 푸드 요리 지도사가 무엇보다 생소하다.
불을 사용하지 않고 45℃ 이하의 생채식으로 조리하는 로 푸드를 애피타이저부터 메인 디시, 디저트까지 배우는 과정이다. 이 밖에 국가기능자격증 중 유일한 비건 요리 과정이기도 한 떡제조기능사 시험 대비반 수업도 있다.

Q. 사람들이 가장 많이 관심 있어 하는 건 어떤 과정인가.
아무래도 채식 요리 지도사 과정이 인기가 많은 편이다. 최근 들어 집밥 의존도가 많이 늘어나면서 과정의 대부분을 한식 위주로 구성했다. 그러다 가치 소비를 중시하는 MZ세대가 채식을 시작하면서 비건 스타일의 양식 요리에 대한 니즈가 늘어나고 있다. 그래서 학원의 채식 요리 지도사 과정에서는 비건 파스타 면을 만드는 과정부터 잠발라야, 코티지파이, 타이레드카레 등 다양한 스타일의 비건 요리를 배울 수 있어 많은 분이 선호하는 것 같다.

Q. 채식 레시피가 아카데미 운영의 핵심임에도, 레시피 유튜브 채널까지 운영 중이다.
매년 한반도 크기의 열대우림이 사라지고 있다. 농장을 짓고 사료용 곡물을 재배하며, 가축들은 분뇨와 온실가스를 내뿜는다. 지구의 사막화 온난화 문제는 궁극적으로 육류에 대한 수요를 줄이면 해결할 수 있다. 채식은 우리의 건강뿐 아니라 지구를 생각하는 작은 실천이다. 그런 채식을 모두가 쉽게 시작할 수 있도록 일조하고 싶다.

Q. 집에서 가장 손쉽게 할 수 있지만 많은 분이 놀랄 만한 레시피 하나 소개해준다면.
콜리플라워스테이크. 비건 키친 유튜브에서 가장 조회 수가 많은 영상이기도 한데, 다양한 채소 요리법과 맛을 느낄 수 있는 레시피다. 방법은 간단하다. 콜리플라워를 스테이크처럼 시즈닝해서 굽는 요리다.

Q. 채식 요리 전문가로서 앞으로 비건이라는 라이프스타일이 어떤 흐름으로 이어지길 바라는가.
채식을 하거나 하지 않거나 어느 쪽도 편견을 가질 필요는 없는 듯하다. 단지 나와 식단이 다를 뿐인 거고, 누구나 시작해볼 수 있는 일이라고 여겼으면 좋겠다. 그저 평범한 일상을 한 끼 채식으로 바꾸는 것만으로도 건강에 도움이 되고, 환경에도 유익하다면 한 번쯤 해볼 만한 일이다. 너무 어렵게, 무겁게 생각하지 말고 가벼운 마음으로 즐겁게 시작해봤으면 한다.

Q. 로비건아카데미의 향후 계획도 궁금하다.
우선 국내 채식 요리 분야를 이끄는 교육기관이 되기 위해 다양한 교육 프로그램을 개발하고 좀 더 왕성한 활동을 하려고 한다. 그리고 2022년에는 수도권이 아닌 지방에도 학원을 개원할 생각이다. 또 해외 교육기관과의 제휴를 통해 한국의 비건 요리 프로그램을 널리 알리고, 해외의 좋은 프로그램도 한국에서 배울 수 있도록 하고 싶다.

---

4. 다양한 비건 식재료와 향신료.
5. 국내 최초로 소나영 원장이 해외에서 받은 비건 요리 교육 이수증.

BRAND LIST

A-Z

LAR	문의 02-499-1110	P.052
LG전자	문의 02-3777-1114	P.040
SPC삼립	문의 080-739-8572	P.084

ㄱ

각닷	문의 02-534-9997	P.108

ㄴ

나뚜루	문의 02-2670-6180	P.086
나우	문의 1800-6166	P.046
낫아워스	문의 070-8860-0528	P.054
노스페이스	문의(온라인몰) 1661-3512	P.042
	문의(매장 고객 및 AS)1899-2626	
농심	문의 080-023-5181	P.086
누깍	문의 070-8826-5335	P.040

ㄷ

닥터브로너스	문의 02-2226-6110	P.070
닥터노아	문의 02-856-2030	P.114
당신의 식탁	문의 help@yourdiningtable.kr	P.108
대한항공	문의 1588-2001, 02-2656-2001	P.108
더플랜잇	문의(영업) 031-454-7176	P.092
	문의(마케팅) 070-4139-4182	
동구밭	문의 070-4282-9626	P.110

ㄹ

라프레리	문의 02-511-6626	P.076
러쉬	문의 1644-2357	P.066
레고	문의 080-022-3780	P.104
래코드	문의 1588-7667	P.046
리하베스트	문의 070-8098-7753	P.092
로비건아카데미	문의 0507-1327-7057	P.146

ㅁ

마켓컬리	문의 1644-1107	P.088
매일유업	문의 1588-1539	P.080
맥도날드	문의 080-208-1588	P.094
멜릭서	문의 02-6953-7373	P.070

ㅂ

벤앤제리스	문의(대표) 02-709-1900	P.086
	문의(고객센터) 080-041-7100	
브리타	문의 080-740-5900	P.100
비건타이거	문의 070-4771-0888	P.128
빅토리아 슈즈	문의 1644-1889	P.052

BRAND LIST

ㅅ

샐러드웍스	문의 02-6672-4150	P.092
샘표	문의(대표) 02-3393-5500	P.086
	문의(고객센터) 080-996-7777	
스킨그래머	문의 1661-8878	P.070
스킨푸드	문의 080-012-7878	P.060
쌤소나이트	문의 02-567-2486	P.108
쏘왓	문의 070-8844-2220	P.052

ㅇ

아로마티카	문의 1600-3689	P.064
아모레퍼시픽	문의 080-023-5454	P.064
알맹상점	문의(망원) 0507-1393-8913	P.122
	문의(서울역) 070-7777-1925	
알프래드	문의 070-4320-9998	P.100
어글리어스 마켓	문의 02-6408-0202	P.092
언리미트	문의 070-7799-0419	P.084
오틀리	문의 1544-1258	P.084
올버즈	문의 00308-321-0314	P.046
이니스프리	문의 080-380-0114	P.072
이솝	문의 1800-1987	P.064

ㅈ

저스트 크래프트	문의 02-522-5237	P.052

ㅋ

코오롱스포츠	문의 1588-7667	P.040
코카콜라	문의 080-024-5999	P.084
클라뷰	문의 070-8852-5481	P.076
클로란	문의 031-946-2916	P.070

ㅌ

톤28	문의 070-4177-0151	P.064
트래쉬버스터즈	문의 02-6010-1164	P.134

ㅍ

파우스가든	문의 070-7954-1277	P.100
파타고니아	문의 1544-1876	P.036
판도라	문의 02-551-0605	P.046
페이퍼팝	문의 070-4642-4248	P.100
프라이탁	문의(압구정 스토어) 02-547-0605	P.040
플루케	문의 031-8058-5741	P.076
플리츠마마	문의 1833-3707	P.048
핀치 오브 컬러	문의 info@pinchofcolour.com	P.076

ㅎ

현대자동차	문의 080-600-6001	P.100

요즘 환경 브랜드
THE NEXT ECO

초판 1쇄 발행 2021년 12월 22일

PUBLISHER
김정호 KIM JUNG HO
유근석 YU GEUN SEOG

EDITOR IN CHIEF
이선정 LEE SUN JUNG

EXECLUTIVE DIRECTOR
이진이 LEE JIN YI

CONTENT & EDITORIAL DIRECTOR
손유미 SON YU MI

SALES & DISTRIBUTION
정갑철 JUNG KAP CHUL
선상헌 SUN SANG HEON

PRODUCTION
한경TREND
서울 중구 청파로 463 한국경제신문사 6층
Tel 02-360-4859
Official Site www.hankyung.com

EDITOR
손유미 SON YU MI
문지현 MOON JI HYEON

PHOTOGRAPHER
양중산 YANG JOONG SAN

DESIGNER
스튜디오 온실 STUDIO ONSIL
조창숙 ZO CHANG SOOK

값 15,000원
ISBN 979-11-85272-76-4